KB263491

교부 문헌 총서

<6>

교부 문헌 총서

HIPPOLYTUS
Traditio Apostolica

Translated with introduction and notes by
Hyeong-U RI

© Benedict Press, Waegwan, Korea 1992

교부 문헌 총서 〈6〉
1992년 7월 초판 | 2019년 5월 7쇄
역주자 · 이형우 | 펴낸이 · 박현동
펴낸곳 · 성 베네딕도회 왜관수도원 ⓒ 분도출판사
찍은곳 · 분도인쇄소
등록 · 1962년 5월 7일 라15호
04606 서울시 중구 장충단로 188(분도출판사 편집부)
39889 경북 칠곡군 왜관읍 관문로 61(분도인쇄소)
분도출판사 · 전화 02-2266-3605 · 팩스 02-2271-3605
분도인쇄소 · 전화 054-970-2400 · 팩스 054-971-0179
www.bundobook.co.kr

ISBN 978-89-419-9213-4 94230
ISBN 978-89-419-9755-9 (세트)

교부 문헌 총서 6

히뽈리뚜스
사도 전승

이 형 우

역주

분 도 출 판 사

역자의 말

교부 총서 제6권으로 「사도 전승」을 소개한다. 이 문헌은 「디다케」와 함께 전례와 교회 규범에 관한 가장 기초적이고 중요한 역사 자료이다. 주교 서품, 사제 서품, 각종 직 수여 절차, 성찬 전례, 예비자 교육, 세례 성사, 기도 시간과 방법, 단식 규정 등 교회의 전례와 신자 생활에 대해 폭넓게 규정하고 있는 이 문헌은 3세기 초의 작품으로서 동·서방 교회에 큰 영향을 주었으며, 후기 각종 전례 문헌의 모범이 되었을 뿐만 아니라 오늘의 각종 예식서와 전례서에도 그 기본적인 틀이 남아 있을 정도로 교회 안에 계속적으로 영향을 미치고 있는 문헌이다.

전례 문헌은 그 성격상 어느 한 저자가 어느 한 순간에 자기 나름대로 갑자기 저술한 것이 아니라, 기존 교회에서 이미 행해지고 있던 것을 주로 편집한 것이기 때문에 그 기원은 편집된 시기보다 훨씬 앞서 보아야 할 것이다. 그리고 교회의 삶 안에서 계속 살아 움직이는 전례 문헌은 지역교회나 시대에 조응(照應)하여 발전 내지 변경되기 마련이다. 사실 고대 교회 안에는 「사도 전승」과 내용이 비슷한 문헌들이 여러 개 있었으며 각 문헌들마다 필사본들이 많기 때문에 그 원형과 발전 과정을 밝혀내는 작업은 쉬운 일이 아니다.

일반적으로 「사도 전승」은 3세기 초 로마교회의 유명한 저술가였던 히뽈리뚜스의 작품으로 알려져 왔지만, 현대 학계에서는 그 저서명에서부터 저자, 저술 시기, 저술된 교회 등에 대한 문제가 제기되어 아직도 계속 논란을 벌이고 있다. 현재로서는 「사도 전승」이 히뽈리뚜스의 저서냐 아니냐, 로마교회의 전례를 대표하는 것이냐 아니냐 하는 문제에 대한 확실한 해답을 찾을 수 없다. 양쪽의 주장 모두 장점과 약점을 동시에 지니고 있기 때문이다. 어떤 고대 사본이 새로 발견되어 확실한 증거가 제시될 때까지는 이 문제에 대한 논쟁을 계속하는 것은 별의미가 없을 것이다. 따라서 우리는 이 문헌에서 히뽈리뚜스의 이름을 배제하기로 하며, 대신 이 문헌의 이름으로는 일반적으로 큰 무리없이 통용되고 있는 「사도 전승」을 그대로 사용하기로 한다. 그러나 이러한 논란에도 불구하고, 이 문헌이 교회의 전례사와 규범사의 기초가 되는 중요한 사료(史料)이라는 점에는 모두 일치하고 있다. 이 책에서 우리는 이에 대한 문제점들을 비교적 자세히 소개하고자 한다.

「사도 전승」의 본문은 유일하게 본문 비판을 하여 출판되어 있는 B. Botte의 것을 따르되, 독자들에게 난해한 이본(異本) 문제는 삭제하였다. B. Botte는 「사도 전승」의 본문 중에서 주로 중요한 두 개의 사본을 서로 대조할 수 있도록 나란히 배열하여 놓았지만, 불어 번역에서는 둘 다 번역하지 않고 하나로 묶어 번역하였다. 이러한 번역 방법은 독자들이 우선 읽기는 쉽지만 양쪽의 차이점을 가려내는 데는 어려움이 따른다. 우리는 라틴어 이해에 어려움이 있는 독자들을 고려하여 양쪽 다 가능한 대로 본문에 가깝게 번역하려고 노력하였다.

사실 이번 작업은 어느 때보다 힘이 들었다. 그럼에도 불구하고 문헌의 성격상 만족할 만한 결과를 가져오지 못한 아쉬움이 남는다. 하지만 우리는 전례를 공부하는 신학도들에게 기초 자료를 제공한다는 데에 큰 보람을 느끼고 있다. 또한 요즈음 우리말 미사 전례문을 개정하고 있는 한국천주교회에 참고 자료가 되고, 나아가 개신교 형제들이 초대 교회의 제도와 신자생활을 이해하는 데 도움이 될 수 있다면 더욱 보람되겠다.

1992년 4월 16일 성 목요일에
이 형 우 신부

차 례

본 문

해 제

가. 「사도 전승」 문헌의 복잡성[1]

1. 「사도 전승」의 문헌 발견

1551년에 로마의 티불띠나 도로변 아그로 베라노(Agro Verano)에서 하나의 대리석상이 발견되었는데, 이 석상의 주인공은 의자에 앉아 있는 모습을 하고 있었다. 앉아 있는 인물의 상체 부분이 파괴되어 있어 누구의 것인지 알 수 없었으나, 의자 양 옆에 저서들의 목록으로 보이는 글자들이 새겨져 있었다. 대리석상에 새겨진 저서들의 많은 부분이 로마의 히뽈리뚜스(Hippolytus: †236)의 것과 일치하기 때문에 정체를 알 수 없었던 그 대리석상을 히뽈리뚜스의 것으로 추정하여, 파괴되었던 상체 부분을 복구한[2] 다음 라떼란 박물관에 보관해 오다가 지금은 바티칸 도서관 입구에 보존되어 있다.

이 석상에 새겨져 있는 저서 목록 중에는 "ΑΠΟΣΤΟΛΙΚΗ ΠΑΡΑΔΟΣΙΣ"(사도 전승: Traditio apostolica: TA)가 있는데, 이 저서명에 상응하는 문헌을 찾지 못하였다. 한편 8권으로 된 「사도 규정」(Constitutiones apostolicae)이라는 방대한 문집이 오래 전부터 알려져 왔지만, 이 「사도 규

---

1. B. Botte, *La Tradition Apostolique de Saint Hippolyte*, Münster 1963, IX-XI 참조.
2. 이 대리석상은 1565년에 조각가 Pirro Ligorio에 의해 복구되었다.

정」을 「사도 전승」과 연결시켜서 단정지을 수 있는 어떤 근거도 찾지 못하였다.

19세기 중엽부터 새로운 문헌들이 발견되기 시작하였다. 1848년에 H. Tattam은 보하이리꼬 꼽트어 방언으로 된 문헌을 "The Apostolical constitutions"(사도 규정)란 이름으로 런던에서 출판하였다. 그러나 그는 책 제목을 잘못 선택하였는데, 왜냐하면 이 문헌은 단순히 「사도 규정」의 꼽트어 번역이 아니기 때문이다. 이 문헌은 알렉산드리아 총주교좌의 법전(法典)으로서 "시노도스"(Sinodos)라고 불리우며, 세 부분으로 쉽게 구별될 수 있는 하나의 문집이다. 이 셋째 부분이 「사도 규정」의 제8권과 직접적인 연관이 있다. 또 둘째 부분도 셋째 부분과 비슷한 주제들(서품, 입교 예식 등)을 다루고 있기 때문에 두 본문 사이에 어떤 연관성을 가정해 볼 수는 있겠다. 다시 말해, 「사도 규정」 제8권을 담고 있는 셋째 부분과 "에집트 교회의 규정"이란 표제가 붙여진 둘째 부분 사이에 무슨 관계가 있는가 하는 문제가 제기되었지만, 그 자체만으로는 해결의 실마리를 찾을 수 없었으므로 새로운 문헌이 발견되기를 기다려야만 했다.

1870년에 B. de Haneberg는 뮨헨에서 "Canones S. Hippolyti Arabice e codicibus Romanis"(「성 히뽈리뚜스의 법규집」 아랍어 역본)를 출판하였다. 이것은 앞에서 언급한 「에집트 교회의 규정」과 병행되는 문헌이다. 이와 비슷한 또 다른 문헌은, I. Rahmani가 1899년 마인쯔에서 출판한 "Testamentum Domini nostri Jesu Christi"(우리 주 예수 그리스도의 유언)가 있다.

한편 「에집트 교회의 규정」의 보하이리꼬 역본에 이어 다른 역본들이 출판되었는데, P. de Lagarde는 1878년에 또 다른 꼽트어 방언으로 된 사히디꼬 역본을 출판하였고, 다시 1904년에는 G. Horner가 아랍어 역본과 에티오피아어 역본을 출판하였다. 그런데 주목할 만한 사실은, 이딸리아의 베로나(Verona)에서 「에집트 교회의 규정」의 가장 오래된 라틴어 역본이 발견된 것이다.

이와 관련된 사료들을 보완하기 위해 「히뽈리뚜스에 의한 규정」
(Διάταξις διὰ Ἱππολύτου)이라는 이름이 붙여진 문헌을 여기에 언급해야
겠다. 이 문헌은 「사도 규정」 제8권을 요약한 것으로 보이기 때문에 학계에
서는 이 문헌을 일반적으로 「사도 규정」의 「요약」(要約: Epitomé)이라고
부르고 있다. 그러나 이 문헌은 많은 부분에서 「사도 규정」 제8권과 동일하
기는 하지만 그외의 여러 부분은 오히려 「에집트 교회의 규정」에 더 가깝
다. 따라서 「요약」(Epitomé)은 「사도 규정」 이외에도 어떤 독립적인 출전을
갖고 있었던 것으로 보인다.

위에서 열거한 여러 문헌들을 서로 연관된 것들끼리 정리하면 다음의 다
섯 가지로 분류될 수 있다.

— 첫째, 「사도 규정」 제8권 (희랍어)

— 둘째, 「요약」 (희랍어)

— 셋째, 「에집트 교회의 규정」 (라틴어 역본, 사히디꼬 역본, 보하이리
꼬 역본, 아랍어 역본, 에티오피아어 역본)

— 넷째, 「우리 주 예수 그리스도의 유언」 (시리아어)

— 다섯째, 「성 히뽈리뚜스의 법규집」 (아랍어)

유사한 내용을 담고 있는 이 문헌들은 서로 어떤 관계가 있는가? 이 문제에
대해 다음의 두 가지 가정을 할 수 있다. 첫째, 이 문헌들 중에서 어떠한
문헌이 원전(原典)이고, 그외의 다른 것들은 이에 종속된다는 가정; 둘째,
모든 문헌이 종속되는 원전은 분실되어 현존하지 않는다는 가정. 이 문제에
대한 여러 가설들이 학계에 제출되었지만, 모두 그 논증이 빈약했다.

드디어 1910년에 중요한 해결책이 나타났는데, E. Schwartz[3]가 먼저 이
를 제시하고, R. H. Connolly[4]에 의해 재확인된 것이다. 두 저자는 서로 따
로 연구하여 발표하였지만 같은 결론에 도달했다:

---

3. E. Schwartz, *Über die pseudoapostolischen Kirchenordnung*, Strasbourg 1910.

4. R. H. Connolly, *The so-called Egyptian church odrder and derived documents* (Texts
and Studies VIII,4), Cambridge 1916.

① 다른 문헌들이 종속되어 있는 문헌은, 알렉산드리아 교회의 「시노도 스」(Sinodos), 특히 베로나의 라틴어 역본에 보존되어 있는 「에집트 교회의 규정」이다.

② 이 문헌은, 1551년 로마의 아그로 베라노에서 발견된 히뽈리뚜스의 대리석상의 의자 양면에 새겨져 있는 저서명들 사이에 나오는 「사도 전승」이다.

이 두 가지 결론 중 첫째 결론은 학계에서 별다른 반박 없이 그대로 받아들 여졌다. 히뽈리뚜스와 관련된 둘째 결론은 다음의 두 가지 사실에 기초를 두고 있었다. 첫째 사실은, 파생된 두 개의 문헌인 「요약」(＝"히뽈리뚜스에 의한 규정")과 「성 히뽈리뚜스의 법규집」의 표제에서 모두 "히뽈리뚜스"라 는 이름이 나오고 있다는 점이다. 둘째 사실은, 베로나의 라틴어 역본에 나 오는 머리말에 의하면, 본 저서는 "사도 전승"을 다루고 있는데 이전에 "은 사들에 대하여"란 저서가 저술되었음을 밝히고 있다는 점이다. 그런데 로마 에서 발견된 석상의 의자 양면에 새겨져 있는 "사도 전승"('Αποστολικὴ παράδοσις) 바로 앞에 "Περὶ χαρισμάτων"(은사들에 대하여)이 나온다. 이 두 저서명이 분리되어 나오고 역대 교부들 중에 어느 누구도 그런 저서 들을 남겼다는 기록이 없기 때문에 다음과 같은 결론이 나오게 된 것이다. 대리석상의 인물은 「사도 전승」의 저자이며, 이 「사도 전승」은 소위 「에집 트 교회의 규정」과 일치한다. 그리고 그 대리석상의 의자 양면에 수록된 많 은 저서들이 히뽈리뚜스의 것이므로 따라서 「사도 전승」은 3세기 초엽에 로 마에서 활약했던 히뽈리뚜스의 저서라는 논리적인 결론이 나오게 된 것이 다. 이러한 결론을 토대로 「사도 전승」은 3세기 초의 로마교회의 전례로서 후에 서방교회는 물론 동방교회에 이르기까지 전 교회에 영향을 미친 중요 한 문헌이라는 것이다.

이 학설은 1970년대까지 학계에서 일반적으로 받아들여진 통설로 되었 다. 그러나 여러 가지 가설들 위에 세워진 이 학설은 그 가설들의 취약성 때문에 흔들리게 되었다. 이 문제는 아래의 "나"항에서 거론하도록 하겠다.

2. 「사도 전승」의 본문에 관한 사료들[5]

「사도 전승」은 원래 희랍어로 씌어진 것이 확실하다. 그러나 원본은 상실되고 대신 번역본들만 남아 있다. 게다가 이들 번역본은 많은 경우에 꼽트어·시리아어·아랍어·에티오피아어 등 동방언어로 되어 있으며, 이들 언어의 구조는 희랍어와 매우 다르기 때문에 희랍어 원본을 복구하는 일에는 큰 어려움이 따른다. 한편 「사도 전승」의 내용과 유사한 문헌들도 있는데, 이들 문헌과 「사도 전승」 사이의 관계는 어떠한가 하는 문제가 제기된다.

1) 번역본들

번역본들은, "라틴어 역본"(L), 꼽트어 역본으로는 "사히디꼬 방언 역본"(S)과 "보하이리꼬 역본"(B), "아랍어 역본"(A) 그리고 "에티오피아어 역본"(E)이 있다.

(1) 라틴어 역본 = L

라틴어 역본은 베로나 교구 참사회 도서관의 "베로나 사본 55호" 안에 보존되어 오고 있다. 이 사본은 8세기의 사본으로서 「세빌리아의 이시돌의 금언집」이라는 표제로 전해져 오는데, 전체 99개의 양피지 낱장 중에서 41개의 낱장은 5세기 말경의 양피지이며[6] 여기에 「사도 전승」의 라틴어 역본이 들어 있다. 그러나 여기에 수록된 라틴어 번역 자체는 더 이전의 것으로 4세기 말경까지 거슬러올라가는데, 그 이유는 인용된 성서 구절들이 예로니무스의 불가따를 사용하지 않고 이전의 성서 번역본을 사용하고 있기 때문이다.[7]

---

5. B. Botte, 상게서 XVII-XXVII 참조.

6. E. A. Lowe, *Codices latini antiquiores,* t. IV, Oxford 1947, 30 참조.

7. 성서의 라틴어 역본인 "불가따"(Vulgata)는 4세기 말경에 성 예로니무스(347?~419)에 의해 완성되었는데, 다마소 교종(366~384년 재직)은 382년에 열린

1900년에 **E. Hauler**[8]는 이 사본을 주의깊게 조사하여 출판하였다. 그런데 사본에서 붉은 색으로 되어 있던 표제는 복구할 수 없을 정도로 훼손되어 있었으며, 본문 자체도 부분적으로 지워져 있었기 때문에 **Hauler**는 이 지워진 부분을 재현시키기 위해 백색의 반응약을 사용하였다. 이때문에 오늘날 자외선 조사법(照射法)을 이용한 복구작업조차 불가능하게 만들어 버리고 말았다.[9]

이 라틴어 사본에는 다음과 같은 세 가지의 문헌이 연이어 수록되어 있다. ⓐ 첫째 문헌은 흔히 「시리아 교훈」(Didascalia siriaca)이라고 불리우는 비교적 긴 문헌이다. 이 문헌은 3세기 중엽의 안티오키아 총주교좌에서 편집된 것으로서 희랍어 원문은 상실되었으나 시리아 역본은 보존되어 있으며, 우리의 사본 안에는 라틴어 역본이 수록되어 있다. ⓑ 둘째 문헌은 「사도들의 규범집」(Canones apostolorum) 또는 「사도들의 규정」(Apostolische Kirchenordnung)이라 불리는 비교적 짧은 문헌이다. 이 작은 문헌은 3세기에 편집된 것으로서 그 일부는 「디다케」와 긴밀한 관계를 갖고 있다. ⓒ 셋째 문헌은 「사도 전승」(Traditio apostolica)이다.

따라서 「사도 전승」은 따로 분리된 것이 아니라 하나의 문집에 포함되어 있다는 것을 알 수 있다. 세 부분으로 된 이 문집의 구성 양식이 필사본의 서사(書士)나 라틴어 번역가에 의해 임의로 만들어진 것이 아니라는 사실은 뒤에 자세히 살펴볼 것이다. 결국 이 사본은 3부작으로 된 문집이라 할 수 있다. 우리의 관심사인 「사도 전승」 부분은 총 26면으로 되어 있는데, 이

로마 주교회의에서 불가따를 로마교회는 물론 서방교회의 라틴어 공식 성서본으로 사용할 것을 선포하였다. 따라서 「사도 전승」의 "라틴어 역본"(L)에서 불가따 대신에 "옛 번역본"(Vetus Latina)을 사용하고 있는 것은, 이 번역이 불가따 이전에 이루어졌다는 것을 뜻한다.

8. E. Hauler, *Didascaliae apostolorum fragmentta Veronensis Latina. Accedunt Canonum qui dicuntur Apostolorum et Aegyptiorum reliquiae*, Leipzig 1900.

9. B. Botte는 이 사본을 직접 검토해 보고 여러 가지 복구 작업을 시도해 보았지만 불가능하였다고 한다. 상게서, **XVII** 참조.

가운데 14면은 판독이 가능하지만 나머지 12면은 판독이 불가능하다.

(2) 동방의 4가지 역본(S, A, E, B)

알렉산드리아 총주교좌의 「시노도스」(Sinodos)는 다음의 세 가지 문헌, 즉 "사도들의 규범집", "에집트 교회의 규정" 그리고 "사도 규정" 제8권을 함께 묶어 놓은 하나의 방대한 문집이다. 이 문집의 둘째 문헌인 "에집트 교회의 규정"은 앞에서 말한 라틴어 역본의 「사도 전승」과 내용이 같다.

「시노도스」의 희랍어 원문은 분실되었지만 네 가지 번역본, 즉 꼽트어 방언인 "사히디꼬 역본"(S)과 또 다른 꼽트어 방언인 "보하이리꼬 역본"(B)[10] 그리고 "아랍어 역본"(A)과 "에티오피아어 역본"(E)은 남아 있다. 이 역본들은 각각 독립된 것들이 아니라 서로 종속관계에 있다.

제일 기초가 되는 번역본은 "사히디꼬 역본"(S)인데, 1006년경의 것으로 추정되는 하나의 필사본(S^1)[11]과 그외 두 개의 필사본(S^2)[12]이 전해지고 있다. "보하이리꼬 역본"(B)은 1804년에 꼬스마의 아들 제오르지오스(Georgios)에 의해 만들어진 것으로서,[13] 꼽트어 방언들인 사히디꼬 방언과 보하이리꼬 방언이 모두 사어(死語)가 된 시대에 번역된 것이다. 아마도 아랍어권의 인물인 번역자는 「시노도스」의 "아랍어 역본"을 알고 있었을 것이며, 어원학적 분석에 의해서도 이 점은 입증되었다. 따라서 "보하이리꼬 역본"은 "아랍어 역본"에 종속되며, 문헌 연구상 다른 역본들에 비해 가치가 떨어진다.

---

10. 사히디꼬 방언과 보하이리꼬 방언은 모두 고대 꼽트어 방언들로서 지금은 사어 (死語)가 되었다.

11. 이 사본은 런던의 박물관에 "British Museum or. 1320호"로 보존되어 있으며, 다음 과 같이 출판되었다: P. De Lagarde, *Aegyptica,* Göttigen 1883; W. Till et J. Leipoldt, *Der koptische Text der Kirchenordnung Hippolyts,* Berlin 1954.

12. 첫째 필사본은, British Museum or. 440; 둘째 필사본은, U. Bouriant가 "Recueil de travaux relatifs à la philologie et à l'archéologie égyptiennes" 5(1884) 199-216; 6 (1885) 97-115에 출판되었다.

13. British Museum or. quarto 519(9488). 출판: H. Tattam, *The Apostolical Constitutions or Canons of the Apostles in Coptic with an English Translation,* London 1848.

"아랍어 역본"(A)[14]은 13세기 중엽에 만들어진 것으로 보이며, "사히디꼬
역본"을 대체로 충실히 번역하였다. 이 "아랍어 역본"의 번역자는 현존하는
"사히디꼬 역본"보다 더 나은 필사본을 사용했던 것이 확실하다. 왜냐하면
현존하는 "사히디꼬 역본"의 공백 부분이 이 역본에는 나오기 때문이다. 따
라서 "아랍어 역본"은 현존하는 "사히디꼬 역본"을 보완하는 데 중요한 역
할을 한다.

끝으로, "에티오피아어 역본"(E)[15]은 "아랍어 역본"을 대본(臺本)으로 사
용했으며, 8개의 이본(異本)들이 있다. 따라서 이 역본은 삼중(三重) 번역
(희랍어 원문 - S - A - E)이라는 약점이 있지만, 본문의 내용 면에서는 어
느 번역본보다 완전하다. 이 "에티오피아어 역본"은 에티오피아 전례 연구
에 중요한 문헌이다.

2) 이차적(二次的)인 사료들

이차적인 사료들이란, 번역본들처럼 직접적인 번역이 아니라 유사한 내용
을 담고 있는 문헌들을 말한다.

(1) 「사도 규정」(Constitutiones apostolicae)[16] = C

8권으로 구성되어 있는 이 작품은 교회의 법과 전례 규정을 집대성한 방
대한 문헌이며 희랍어로 기록되어 있다. 제1권부터 제6권까지는 「시리아 교
훈」을 수록하고 있는데, 많은 부분을 자유롭게 개작 내지 보충하고 있다.

---

14. 여러 필사본이 있다. 출판: G. Horner, *The Statutes of Apostles or Canones
    Ecclesiastici,* London 1904, 89-125; J. et A. Perier, *Les 127 Canons des apôtres*
    (Patrologie orientale VIII,4), Paris 1912.

15. G. Horner, *The Statutes of Apostles,* London 1904, 1-87; H. Duensing, *Der aetiopische
    Text der Kirchenordnung des Hippolyt,* Göttingen 1946. 본문에서 "E" 사본의 이본들
    을 구별할 필요가 있을 때 G. Horner의 것을 "E[1]"으로, H. Duensing의 것을 "E[2]"
    로 표시하였다.

16. F. X. Funk, *Didascalia et Constitutiones apostolorum* t. II, Paderbon 1905.

제7권은 「디다케」를 길게 보충하여 수록하고 있다. 끝으로, 제8권에서는 "은사들에 대하여"라는 짧은 글과 「사도 전승」 그리고 85개 항목의 법조항들이 나온다. 학계에서는 이 문헌을 4세기 말 내지 5세기 초에 시리아에서 편집된 것으로 보고 있다.

우리의 관심사는 제8권에 나오는 「사도 전승」 부분인데, "라틴어 역본"(L)과 「시노도스」의 역본들(S, A, E, B)과 비교해 볼 때 그 내용에 차이점이 많다. 그렇다면 희랍어로 된 이 「사도 규정」에 나오는 「사도 전승」과 다른 역본들에 나오는 「사도 전승」 중 어느 것이 원본에 더 가깝겠느냐 하는 문제가 제기된다. 「사도 규정」의 것은 원본과 같은 희랍어라는 점에서 유리한 면이 있지만, 이 문헌의 편집자가 앞의 두 부분, 즉 「시리아 교훈」과 「디다케」를 자유롭게 개작 내지 보충하고 있는 것으로 보아 우리의 「사도 전승」도 그렇게 하였을 개연성이 높은 것이다.

한 가지 유의할 것은, "라틴어 역본"의 머리말에서 은사들에 대한 저서를 언급만 하고 있지만, 이 「사도 규정」에서는 「사도 전승」의 머리말은 물론 이에 앞서 은사들에 관한 글(8권 3)을 실제로 싣고 있다는 점이다. 「은사들에 대하여」와 「사도 전승」의 이러한 연결은 앞에서 언급한 로마의 대리석상에 나오는 저서 목록과 일치한다는 데에 주목할 필요가 있다. 따라서 「사도 규정」의 편집자가 사용한 대본은 "라틴어 역본"(L)과 알렉산드리아의 「시노도스」가 사용한 대본과 같은 수준의 것으로 볼 수 있다. 다만 차이점은, "라틴어 역본"은 대본에 충실한 번역인 반면 「사도 규정」의 편집자는 대본을 자유롭게 개작 내지 보충하였다는 점이다.

(2) 「요약」(Epitomé)[17] = Ep

F. X. Funk는 1905년에 9개의 필사본을 기초로 "Didascalia et constitutiones apostolorum"을 출판하였는데, 희랍어로 된 이 문헌은 마치 「사도

---

17. F. X. Funk, 상게서, 72-96.

규정」 제8권의 내용을 요약하는 것처럼 보여 학계에서 「요약」(Epitome)이라는 이름이 붙여지게 되었다. 「사도 규정」의 순서와 마찬가지로 먼저 "은사들에 대하여"가 나오고, 이어서 "히뽈리뚜스에 의한 서품에 관한 거룩한 사도들의 규정"(Διάταξις τῶν ἁγίων ἀποστόλων περὶ χειροτονιῶν διὰ Ἱππολύτου)이라는 표제와 함께 「사도 전승」의 내용이 나온다.

그러나 자세히 검토해 보면, 이 문헌은 「사도 규정」 제8권을 단순히 요약하는 것이 아니라 독자적인 성격을 지니고 있다. 예컨대, 주교 서품의 기도문은 「사도 규정」 VIII, 5,1-8에 나오는 긴 기도문보다는 오히려 "라틴어 역본"(L)과 "에티오피아어 역본"(E)에 나오는 기도문에 가깝고, 또 독서직을 위한 예식에서도 「사도 규정」에 나오는 안수 예식을 하지 않고, "라틴어 역본"과 "에티오피아어 역본"에서처럼 책을 넘겨 주는 예식을 하고 있다. 따라서 이 문헌은 「사도 규정」의 요약이라기보다는 다른 대본을 토대로 하여 요약한 것이며, 이때 사용한 대본은 "라틴어 역본"과 알렉산드리아 총주교좌의 「시노도스」가 사용한 대본과 같은 수준의 대본이었을 가능성이 높다.

(3) 「우리 주 예수 그리스도의 유언」(Testamentum Domini nostri Jesu Christi)[18] = T

시리아 교회에는 "클레멘스의 8권"(Octateuque Clementin)이란 이름을 가진 방대한 교회 문집이 있는데, 이 문집의 첫번째 두 권은 「우리 주 예수 그리스도의 유언」(Testamentum Domini nostri Jesu Christi)이라는 표제를 갖고 있으며 시리아어로 출판되었다. 이 표제는, 부활 후 주님께서 제자들에게 나타나셔서 종말에 관한 말씀을 하셨다고 하는 한 외경(外經)에서 유래한다. 이 종말론적 구도 안에 교회의 규율에 관한 내용이 삽입되어 있는데, 바로 이것이 「사도 전승」과 매우 유사하다. 비록 주님께서 친히 이 규율을 말씀하신 것으로 되어 있지만, 이 문헌은 5세기경의 안티오키아 총주

---

18. I. Rahmani, *Testamentum Domini nostri Iesu Christi,* Mayence 1899; F. Nau, *La Version syriaque de l'Octateuque de Clément,* Paris 1913.

교좌에서 나온 것으로 보인다. 이 문헌의 편집자 역시 「사도 전승」을 상당히 변형 내지 개작하였다.

(4) 「성 히뽈리뚜스의 법규」(Canones S. Hippolyti)[19] = K

4세기 중엽 알렉산드리아 교회에서 편집된 것으로 보이는 이 문헌은 원래 희랍어로 씌어졌지만 현재는 아랍어 역본만 남아 있다. 「사도 전승」과 비슷한 내용과 함께 법조문들이 나오는데 상당히 자유롭게 개작되어 있으며, 「성 히뽈리뚜스의 법규」(Canones S. Hippolyti)라는 표제가 붙어 있다.

한편 꼽트어 사히디꼬 방언으로 된 한 사본이 발견되었는데, 여기에는 "이것은 로마의 거룩한 대주교 히뽈리뚜스가 쓴 교회의 법규이다"(Hi sunt canones ecclesiae quos scripsit Hippolitus archiepiscopus sanctus Ramae)라는 표제가 나오고, 바로 이어서 "이것은 거룩한 공의회의 선언이다"(Hae sunt sententiae synodi snactae)라는 또 다른 표제와 함께 니체아 공의회의 가짜 결의문이 나온다. 따라서 앞의 히뽈리뚜스에 관한 표제는 잘못 삽입된 것이 분명하다. 그러나 아랍어 역본에 붙여진 히뽈리뚜스에 관한 표제는 거기에 수록되어 있는 「사도 전승」과 어떤 연관성이 있는 것으로 보인다.

3. 「사도 전승」의 본문 문제

1) 본문 복원 작업을 위한 원칙들[20]

우리는 앞에서 「사도 전승」의 번역본들과 이차적인 사료들, 즉 「사도 전승」의 개작된 문헌들을 살펴 보았다. 본문 복원 작업이란 「사도 전승」의 희

---

19. D. B. de Haneberg, *Canones S. Hippolyti Arabice e codicibus Romanis*, München 1870; H. Achelis, *Die ältesten Quellen des Orientalischen Kirchenrechtes* I. *Die Canones Hippolyti*, Leipzig 1891; W. Riedel, *Die Kirchenrechtlichen Quellens des Patriarchats Alexandrien*, Leipzig 1900, 200-230.

20. B. Botte, *La Tradition apostolique*, SC 11bis 1984(2. edi.), 21-24 참조.

랍어 원문이 상실된 상태에서 이들 번역본들과 개작된 문헌들이 사용했거나 참고했을 대본의 원형(archetypus)은 어떠했겠는가를 밝혀내는 작업을 말한다. 이 복원 작업에서 번역본들이 개작된 문헌들보다 더 가치있다는 것은 말할 필요조차 없다. 개작된 문헌은 비록 원문인 희랍어로 되어 있다 하더라도 번역본과 내용이 일치하는 대목에서만 그 가치를 인정받기 때문이다.

본문 복원 작업은 전문적인 연구, 즉 사본들의 역사 연구와 아울러 번역된 각 언어에 대한 충분한 이해를 필요로 한다. 현재로서는 **B. Botte**가 전문적이고 세심한 연구 끝에 펴낸 본문 비판본이 유일한 실정이다.[21] 그러므로 우리는 그의 본문 비판본을 그대로 따르기로 하며, 다만 여기서는 그가 이 작업을 하는 과정에서 적용했던 몇 가지 중요한 원칙들만 요약해서 소개하고자 한다.

먼저 「사도 전승」의 전체적인 틀, 즉 그 구성을 확립하는 일이 선행되어야 한다. 그후 개별 장들의 본문에 대한 비판을 한다. 첫째 작업, 즉 전체의 틀을 확정하는 일은 비교적 쉽다. 시대적인 면이나 내용 면에서 사본의 가장 완전한 역본을 기준으로 삼아 다른 역본들과 비교하면 되는데, 이 완전한 역본의 전체적인 틀과 같은 다른 역본이 있을 때에는 더욱 확실해지는 것이다.

둘째 작업인 각 장의 본문 비판은 비교적 복잡하다. 여기에는 다음의 네 가지 원칙이 적용된다. 첫째, 번역본들이 모두 일치하는 부분은 아무 문제도 없으며, 이 경우에 개작된 문헌들이 이 일치를 거슬러 반대할 수 없다. 둘째, 네 개의 역본들(L, S, A, E)이 있지만 그렇다고 모두 같은 비중을 갖고 있는 것은 아니다. 이중에서 "라틴어 역본"(L)은 따로 취급하고, 알렉산

---

21. B. Botte는 「사도 전승」의 본문 비판과 함께 긴 해제와 자세한 주석을 달고 붙어 대역본을 만들어, *La Tradition apostolique de saint Hippolyte, Essai de reconstitution* (Münster 1963)로 출판하였다. 그는 다시 본문과 붙어 번역은 그대로 사용하고 해제와 주석 부분을 간소화하여, Hippolyte de Rome, *La Tradition apostolique. D'après les antiennes version*(Sources Chrétiennes 11 bis 1968)으로 출판하였고, 1984년에 재판하였다.

드리아 총주교좌의 「시노도스」의 한 원형에서 파생된 세 가지 역본들(S, A, E)은 묶어서 함께 취급해야 하므로 결국 두 개의 독립된 자료로 압축시킬 수 있다. 이때 S, A, E가 서로 일치하여 L에 대립된다고 해서 다수결의 원칙을 따라 자동적으로 S, A, E에 결정적인 가치를 부여해서는 안된다. 예를 들면, L이 이차적인 문헌들인 T나 K에 의해 뒷받침된다면 오히려 L의 가치를 더 인정해 주어야 한다. 셋째, L과 알렉산드리아 총주교좌의 역본들 (S, A, E) 사이에 부분적인 불일치가 있을 수 있는데, 만일 L, E가 일치하고 S, A가 일치하는 경우라면 L, E에 우월권을 부여해야 한다. 왜냐하면 L과 E는 서로 연관성이 없는 독립된 것이므로 E가 알렉산드리아 총주교좌의 「시노도스」의 원형을 보존하고 있다고 보아야 하기 때문이다. 끝으로, L에 본문이 없는 부분, 즉 앞에서 언급하였듯이 사본이 지워져서 판독이 불가능한 부분의 경우에는 문제가 복잡해진다. S, A, E가 모두 일치할 때에는 어려움이 없지만, 만일 S, A가 서로 일치하고 E와는 다르거나, A, E가 서로 일치하고 S와는 다른 경우에는 어떤 쪽에 결정적인 의미를 부여할 수 없다. 이때에는 2차적인 사료들인 C, T, K에 의해 뒷받침되는 것에 가치를 부여해야 한다.

위의 원칙에 따라 「사도 전승」의 본문 비판을 한 B. Botte는 L, S, A, E 역본들의 특성을 다음과 같이 설명하고 있다.[22] "라틴어 역본"(L)은 희랍어 원본을 매우 충실하게 번역하려 했음을 알 수 있다. 예를 들어, 제3장(주교 서품 기도)의 번역에서 희랍어 원문에 너무나 충실한 나머지 문법상의 잘못을 저지르고 있다. 즉, 선행사 "spiritus"(靈)가 남성인데도 이를 받는 관계대명사를 중성인 "quod"으로 한 것은 희랍어에서는 선행사에 해당하는 "$\pi\nu\epsilon\hat{\upsilon}\mu\alpha$"가 중성이기 때문에 이를 받는 관계대명사를 그대로 번역한 데서 기인하는 실수인 것이다.[23]

---

22. B. Botte, *Hippolyte de Rome, La Tradition ...*, 23-24 참조.

23. 78-79쪽, 제3장 주 12 참조. 그외 이와 비슷한 실수는 본문의 "주"들에서 언급하였다.

　"사히디꼬 역본"(S)은 L보다는 못하지만 희랍어 원형에 충실하려 한 듯하다. 그러나 꼽트어에는 수동태가 없기 때문에, 수동태로 되어 있는 문장의 경우에는 동사를 능동태로 하고 단어들의 순서를 바꾸는 등 문장 전체의 구조를 변경하였다. "아랍어 역본"(A)은 S에 상응하는 대본을 비교적 충실히 번역하였다. "에티오피아어 역본"(E)은 「사도 전승」 본문의 내용을 거의 다 수록하고 있다. E는 L의 순서와 거의 일치하며, S, A에 빠져 있는 부분이 보존되어 있다. 그래서 L에서 판독이 불가능한 부분을 E를 통해 보완할 수 있다.

2) 「사도 전승」 본문이 수록된 문헌들의 도표

　「사도 전승」의 본문이 수록된 문헌들에 대한 독자들의 이해를 돕기 위해 B. Botte가 작성한 아래의 도표를 그대로 수록한다.[24] 도표의 숫자는 각 사본이나 문헌에 붙여져 있는 번호이다. "—" 표시는 그 부분이 없다는 뜻이고, L 사본의 "공백"은 사본의 판독이 불가능한 부분을 뜻한다. "CVIII"은 「사도 규정」(Constitutiones apostolicae ＝ C) 제8권의 약자이다.

	L	S	A	E	CVIII	Ep	T	K
제1장(머리말)	67,30	—	—	39	3	—	—	—
제2장	68,14	31	21	21	4	3	1,21	2
제3장	68,26	—	—	21	5	4	21	3
제4장	69,25	—	—	21	12	—	23	—
제5장	71,1	—	—	21	—	—	24	3
제6장	71,10	—	—	—	—	—	(24)	(3b)
제7장	71,20	32	22	22	16	5-6	29-30	4
제8장	72,6	33	23	23	17	7-8	38	5

---

24. B. Botte, *La Tradition ...*, XXX 참조.

제 9 장	공백	34	24	24	23	14	39	6
제10장	공백	37	25	25	25	16	40	9b
제11장	공백	35	26a	26a	22	13	45	7a
제12장	공백	38	26b	26b	24	15	46	7c
제13장	공백	36	26c	26c	21	11-12	44	7b
제14장	공백	39	26d	26d	26	17	47	8
제15장	공백	40	27	27	32a	22	II,1	10
제16장	공백	41	28-29	28-29	32b	22	2	11-16
제17장	공백	42	30	30	32c	22	3	17
제18장	공백	43	31	31	—	—	4	18a
제19장	공백	44	32	32	32d	22	5-6	18b-19a
제20장	공백	45	33	33	—	—	7	19b
제21장	73,1	46	34	34	—	—	8-10	19c,30a
제22장	공백	—	—	34	—	—	10	30b
제23장	공백	47	35	35a	—	(Vind.)	—	32a
제24장	공백	—	—	36e	—	—	10-11	32b
제25장	공백	—	—	36f-37a	37	—	11	32c
제26장(a)	공백	48	36	35b,37b	—	—	—	—
(b)	75,1	48	36	36a	—	—	—	—
제27장	75,5	49	36	36b	34b	—	—	33a
제28장	75,10	50	36-37	36c	—	—	13	33b-35a
제29장	76,4	51	—	36d	—	—	—	35b
제30장	76,7	52	38	38	—	—	—	35c
제31장	76,14	53	39	39	40	—	14	36
제32장	76,29	54	39	39	—	—	16	36
제33장	77,5	55	40	40	—	—	20	22,38a
제34장	77,17	56	41	41	—	—	21	24a

제35장	77,24	57	42	42	32e	22	(22)	26
제36장	77,32	58	43	43	—	—	—	28a
제37장	78,9	59	44	44	—	—	—	28b
제38장	78,5	60a	44	44	—	—	—	29
제39장	공백	60b	45	45	—	—	—	(37)
제40장	공백	61	46	46	—	—	23	24b-25
제41장	79,1	62	47	47	34a	24	24	25b-27
제42장	80,14	62	47	47	—	—	—	29
제43장(맺는말)	80,30	62	47	47	—	—	25	—

나. 「사도 전승」의 기원 문제

앞에서 언급한 바대로, 「사도 전승」은 3세기 초엽의 로마의 히뽈리뚜스의 저서라는 설이 1970년대까지 학계에서 일반적으로 받아들여진 통설이었다. 그러나 여러 가설들 위에 세워진 이 학설은 그 가설들의 취약성 때문에 흔들리게 되었다. 우선 히뽈리뚜스 인물 자체의 모호성이 제기되었다. 그리고 로마에서 발견되었던 대리석상의 의자 양면에 수록되어 있는 저서들이 과연 한 사람의 것이냐? 그 석상의 주인공이 과연 히뽈리뚜스냐? 하는 문제들이 제기되었다. 결국 이 문제는 「사도 전승」이 로마의 전례 문헌이냐 하는 문제와 연결된다.

1. 히뽈리뚜스는 어떤 인물이었나?

히뽈리뚜스에 관한 사료들은 많지만 상이한 점들이 많아 혼란을 가중시키고 있다.[25] 그렇지만 일단 여기서 히뽈리뚜스의 일반적인 생애를 먼저 약술해

---

25. 히뽈리뚜스에 관한 역사적 사료들은, G. Bovini, *Sant'Ippolito dottore e martire del III secolo* (Roma 1943)에 자세히 나온다.

보면 다음과 같다.[26] 체사리아의 에우세비우스,[27] 성 예로니무스[28]와 다른 여러 증언들에 의하면, 히뽈리뚜스는 3세기 초에 로마 교회 안에서 많은 저서를 남긴 중요한 인물이다. 히뽈리뚜스의 출생은 170~175년 사이로 추정되며, 오리게네스가 212년경에 로마를 방문하였을 때 로마의 명성있는 사제였던 그의 강론을 들었다는 것으로 보아 그가 로마교회 안에서 영향력있는 인물이었음이 분명하다. 그의 출생지는 분명하지 않지만 여러 가지 상황과 자료로 미루어 볼 때 로마 또는 라틴계 출신이라기보다는 동방계 출신인 것으로 보인다. 그는 오리게네스와 필적할 수 있을 만큼 방대한 저서들을 남겼으며, 로마교회의 가장 대표적인 저술가로 손꼽힌다. 포씨우스에 의하면,[29] 유실된 한 작품 속에서 히뽈리뚜스가 스스로 이레네우스의 제자였음을 고백하고 있다고 증언하고 있다.

그러나 히뽈리뚜스의 가장 큰 오점은 가교종(假敎宗: Antipapa) 문제이다. 로마 주교 선출에서 경쟁자였던 깔리스뚜스(Callistus 217~222년 재직)가 주교로 선출되자 히뽈리뚜스는 깔리스뚜스 주교의 신학 노선과 사목 방향을 비판하면서 반기를 들고 나섰다. 깔리스뚜스 주교가 중죄인들에 대한 보속과 벌을 완화하자 그는 엄격주의로 돌아섰으며, 깔리스뚜스를 사벨리우스의 제자로서 성부 수난설(Patripassianismus) 이단에 물든 위험한 사람이라고 단죄하고 나섰다. 그는 추종자들과 함께 새 교회를 세웠고 그들에 의해 로마 주교로 선출되어 이른바 역사상 최초의 "가교종"이 되었다. 로마 교회의 이러한 분열은 깔리스뚜스의 후계자인 우르바누스(Urbanus 223~230년 재직) 주교와 뽄씨아누스(Pontianus 230~235년 재직) 주교 때까지 계속되었다.

---

26. Marcel Richard, "Hippolyte de Rome" in *Dictionnaire de Spiritualité* (Paris 1968) XLIV-XLV, 531-571 참조.

27. Eusebius, *Historia Ecclesiastica*, VI,20-22 (에우세비오, 교회사, 성 요셉 출판사 1985, 311-313).

28. Hieronimus, *De Viris illustribus*, c.61(PL 23,708).

29. Photius, *Bibl. cod.*121 참조.

그러나 박해로 인해 히뽈리뚜스와 뽄씨아누스 주교는 둘 다 체포되어 샤르데냐 섬으로 귀양가게 되어 이들은 그곳에서 화해한 것으로 보인다.[30] 즉, 뽄씨아누스 주교는 235년 9월 28일 로마 주교직을 사임하여 후계자를 뽑도록 하였으며, 히뽈리뚜스 역시 자신의 가교종 직책을 포기하고 로마를 떠나기 전후해서 로마교회에 귀의한 듯하다. 이로써 로마의 유일한 새 주교로 안테루스(Anterus 235~236년 재직)가 선출되었다. 얼마 후 히뽈리뚜스와 뽄씨아누스 모두 "죽음의 섬"이라고 불리우던 샤르데냐에서 세상을 떠났다. 파비아누스(236~250년 재직) 주교는 두 사람의 유해를 로마로 모셔와 성대하게 장사를 지내고, 뽄씨아누스 주교는 성 깔리스뚜스 성당의 지하 경당에, 그리고 히뽈리뚜스는 티불떠나 도로변에 있는 공동묘지에 안장하였다. 두 사람의 장례식이 236년 8월 13일에 거행되었기 때문에 교회는 이 두 분을 모두 같은 날인 8월 13일에 공경하고 있다.

2. 로마의 대리석상은 히뽈리뚜스의 것인가?

앞에서 우리는 로마의 히뽈리뚜스의 일반적인 생애에 관해 간략히 살펴보았다. 그러나 그에 관한 사료(史料)들 사이에는 몇 가지 오류 및 상이점들이 발견되고 있으며, 설상가상으로 특히 1551년 로마에서 발견된 대리석상이 과연 히뽈리뚜스의 것이냐 하는 문제와 결부되어 더욱 복잡해졌다.

앞에서 언급한 바와 같이 대리석상은 상반부가 파손된 채 발견되었는데, 의자 양면에 새겨진 저서명들 가운데 어떤 것들이 히뽈리뚜스의 저서와 일치하고 있다. 따라서 그 대리석상을 히뽈리뚜스의 것으로 간주하여 부서진 상반부를 복구한 다음 받침대 앞면에 "Status Hippolyti Portuensis episcopi"(뽀르또의 주교 히뽈리뚜스의 상)라고 새겨넣었다. 그러나 로마 근교에 있는 뽀르또는 3세기 초에 아직 주교좌가 아니었다.[31] 이러한 사실은

---

30. *Liber Pontificalis* (ed. L. Duchesne), I, Paris 1955, 145-147 참조.

이 명패가 시대착오적인 오류를 범하고 있음을 말해 준다. 한편 에우세비우스와 성 예로니무스는 히뽈리뚜스를 소개하면서 그의 주교좌에 대한 명확한 언급 없이 그냥 한 교회의 으뜸이었다고만 말하고 있으며, 또 4세기 중엽의 라오디게이아의 아뽈리나레는 히뽈리뚜스의 주교좌가 로마라고 명시하고 있는 반면, 젤라시우스(Gelasius 492~496년 재직) 교종은 아라비아의 대주교(metropolitan)였다고 말한다. 왜 이처럼 상이한 증언들이 있게 되었는가? 히뽈리뚜스라는 이름을 가진 사람이 여럿 있었기 때문인가?

한편 다마소 교종(366~384년 재직)은 히뽈리뚜스의 한 비문에 "그는 열교 (裂敎)의 장로로서 노바씨아누스의 제자로 항상 남아 있었다"(presbyter in schisma semper manssisse Novati). 그러나 그는 자기 추종자들에게 교회와 화해할 것을 권고한 다음 순교했다고 기록하고 있다.[32] 이 증언에는 몇 가지 유의할 점이 있다. "장로"(= 신부)라고 명시한 것은 그가 본교회와 화해한 다음 가교종직을 포기하고 이전의 상태인 장로로 복귀했다는 것을 암시한다. 그리고 순교자에 대해 그의 오점인 열교(schisma)를 명시한 것은 한 세기 반 후인 다마소 교종 당시에도 그의 추종자들이 교회 안에 남아 있었음을 암시한다. 그러나 그가 노바씨아누스의 제자였다는 말은 시대착오이다. 왜냐하면 노바씨아누스 이단은 251년부터 시작되었으므로 히뽈리뚜스보다 시대적으로 뒤진다. 따라서 히뽈리뚜스가 노바씨아누스의 제자일 수 없다. 다마소 교종의 시대착오는 아마도 노바씨아누스 역시 가교종 문제를 일으켰기 때문에 이러한 두 사람이 지닌 유사점에서 오는 착각으로 볼 수 있겠다.

한편 1842년 아토스(Athos) 섬에서 한 사본이 발견되었는데, 이 사본은 그전까지 "Philosophumena"(철학 총론)란 이름하에 오리게네스의 저서로 제1권만 알려져 오던 것으로서 저서의 대부분이 "Origenis philoso-phumena sive omnium haeresium refutatio" (오리게네스의 "철학 총론"

---

31. B. Bovini, 상게서, 72 참조.

32. 이에 대한 사료는, Cornadus Kirch, *Enchiridion Fontium Historiae ecclesiasticae antiquae*(= EH) 544,7; 547,19; 590에 나온다.

혹은 "모든 이단들에 대한 논박")란 표제로 발견된 것이다.[33] 그런데 자서전 성격을 띠고 있는 제9권에서, 저자가 제페리누스 교종(199~217년 재직)과 갈등을 가졌으며, 그의 사후 후계자인 깔리스뚜스 교종(217~222년 재직)을 반대하여 대립된 공동체의 으뜸이 되었다고 스스로 밝히고 있는 것으로 보아, 이 저서의 저자는 알렉산드리아의 오리게네스가 될 수 없고 로마의 히뽈리뚜스임이 확실하다. 그런데 문제는 히뽈리뚜스의 이 방대하고 중요한 저서가 앞에서 말한 대리석상의 저서 목록에는 없다는 점이다. P. Nautin은 1947년에 출판한 책[34]에서 이 문제를 새로운 각도에서 해결하려 하였다. 그에 의하면, "Philosophumena"(철학 총론)를 로마 석상의 주인공인 히뽈리뚜스의 것으로 보는 것은 잘못이고, 가교종은 요시푸스(Josippus)이며, 석상에 나타나 있는 저서 목록들은 한 사람의 것이 아니라 서로 다른 두 사람의 저서들이 함께 섞여 있다는 것이다. P. Nautin의 이러한 설은 학계에 큰 논란을 불러일으켰다.

1976년 10월 23일 로마 성 아우구스떠누스 교부학 대학에서 열린 히뽈리뚜스에 대한 심포지움[35]에서, 고대 석상의 전문가인 M. Guarducci 교수[36]는 놀라운 새로운 사실을 학계에 발표하였다. 그는 상반부가 파손된 상태로 발견된 대리석상의 하반부의 옷자락 모습은 원래 남자의 것이 아니라 여자의 옷자락이라는 고고학적 사실을 증명하였다. 이러한 고고학적 확증에 의하면, 석상의 파손된 상반부 복구 작업은 결국 원래 여자 석상[37]의 하반부에다

---

33. 이 사본은 B. Miller에 의해 출판되었다: *Origenis Philosophumena sive omnium haeresium refutatio. E codicie parisino primum.* edit. B. Miller, Oxford 1851.

34. P. Nautin, *Hippolyte et Josipe*, Paris 1947.

35. 이 심포지움에서 히뽈리뚜스에 대한 여러 논문들이 발표되었고, 그중에 중요한 논문들은, *Ricerche su Ippolito, Studia Ephemeridis "Augustinianum"* 13(1977)에 출판되었다..

36. M. Guarducci, La statua di ‹Sant'Ippolito›, *Augustinianum* 13(1977), 17-30.

37. M. Guarducci는 대리석상의 의자 앞면에 새겨진 사자 모습을 근거로 하여 희랍의 철학자 에피꾸로스(기원전 271년경 사망) 학파의 여 철학자인 테미스타(Themista)의 상이라고 주장한다: 상계서, 19-20 참조.

상반부에는 남자 상(像)인 히뽈리뚜스를 세워 놓은 셈이 되는 것이다. 그렇다면 왜 여자 석상에 히뽈리뚜스의 저서명들을 새겨 놓았는가 하는 의문이 생기게 된다. 이 수수께끼에 대한 명확한 해답을 찾을 길은 없지만, 다음과 같은 추측을 해볼 수 있겠다. 히뽈리뚜스 이후 적어도 백년 가까이 박해가 계속되던 시대였다는 점을 고려한다면 그리스도 신자의 대리석상을 더구나 도로변에 세운다는 것은 불가능했을 것이다. 로마제국 시대에는 주요 도로변에 종교적인 이유나 도시 미화를 위해 많은 신상이나 인물상을 세우는 관습이 있었다. 그중에는 우의적인 의미를 가진 상, 예를 들면, "지혜", "덕", "지성", "학문" 등을 알레고리아(allegoria)화해서 상을 세웠는데, 이 단어들이 라틴어로 여성이기 때문에 여자의 상으로 만드는 경우들이 있었다. 히뽈리뚜스를 존경하던 어떤 사람이 그의 업적을 오래 기리기 위해 몰래 기존의 어떤 상에 히뽈리뚜스의 저서들을 새겨넣었는데, 그는 원래 책 두루마리를 손에 들고 있는 이 여자상이 "지혜"나 "학문"의 알레고리아로 이해하고 히뽈리뚜스의 저서들을 새겨넣는 데 어울린다고 생각했을 가능성도 있다. 그렇지만 결국 이러한 설명도 하나의 가설로 남아 있을 수밖에 없다. 석상의 파손되었던 상반부가 원래 히뽈리뚜스의 것이었느냐 아니면 다른 이의 것이었느냐 하는 논쟁 자체가 우리 문제의 관건이 될 수 없으며, 우리에게는 거기에 새겨진 저서명들이 누구의 것이며, 우리가 다루고자 하는 소위 「사도 전승」(Traditio apostolica)과 어떤 연관성이 있느냐 하는 것이 더 중요한 것이다.

3. 로마 교회의 전례 문헌인가?

우리는 앞에서 「사도 전승」의 번역본들과, 「사도 전승」의 이차적 사료들을 살펴 보았다. 그러면 이들의 상호관계는 어떠한가? 어떤 것이 원본과 가장 가까운 것인가? 이것들 중에서 그 어느 것도 저자가 직접 쓴 원본일 개연성은 거의 없다. 고대 저서들은 필사본의 서사(書士)들에 의해서 계속 전수되어 왔다. 이 과정에서 필사본의 서사들이 무의식적인 부주의로 잘못을 저지르는 경우, 예를 들어 철자법이 틀리거나, 어떤 단어나 한 줄을 빠뜨리는 경우들이 생길 수 있다. 그러나 서사들은 종종 의도적으로 문구를 바꾸거나 첨가하는 경우들도 있었는데, 이것은 자기 개인의 뜻이나 그 지역교회의 전례 관습에 맞추기 위한 경우들이다. 부주의에 의한 경우에는 그 잘못을 찾아내는 것이 비교적 쉽지만, 의도적인 변경의 경우에는 그 잘못을 찾아내기 위해서 서사의 신학적 경향을 밝혀내거나, 그 지역교회의 전례 관습을 다른 문헌들을 통해 찾아내야 하는 복잡한 작업을 필요로 한다.

앞의 분류에 따라 「사도 전승」의 번역본들의 경우에는 역본들 사이의 비교 연구를 통해 그 족보를 찾아갈 수 있다. 그러나 이차적인 사료들의 경우에는, 과연 어느 문헌이 원본에 가장 가깝느냐 하는 문제에 대해 여러 가지 가설이 나올 수 있다. 이 문제는 원저자가 어느 시대, 어느 지역의 누구인가 하는 근본적인 문제와 연결된다. 여기에 곁들여, 원저자가 한 번만 쓴 것이 아니라 후에 수정하여 다시 씀으로써 여러 가지 문헌들이 생기게 되었을지도 모른다는 가설을 생각할 수 있겠으나, 이것은 문헌의 성격상 개연성이 극히 적은 상상에 불과하다.

우선 「사도 전승」이란 명칭에 있어, 위에서 살펴본 번역본들이나 이차적 사료들 중에서 그 어느 것도 "사도 전승"이란 표제를 사용하지 않았다. 다만 「사도 전승」 제1장 "머리말" 부분에 "전승"(traditio)이란 표현이 두 번 나오며("교회들에 합당한 전승"; "지금까지 전해져 오는 전승을"), 마지막 장인 43장에 "사도적 전승"(apostolicam traditionem)과 "사도들의 전승"(traditiones apostolrum)이란 표현이 나올 따름이다. 이 명칭은 로마에서 발견된 대리석상의 저서 목록에서 "은사들에 대하여"(Περὶ χαριμάτων) 다음에 "사도 전승"('Αποστολικὴ παράδοσις)이 나오는데, 「사도 전승」의 머리말에서 "우리는 은사들에 관한 주제를 이미 합당히 제시한 바 있는데"라고 시작한 다음 "전승"에 관한 내용을 서술하고 있다는 사실에 근거하는 것이다. 그렇지만 대리석상 자체가 원래 남자의 상이 아니라 여자의 상이라는 점, 그리고 P. Nautin이 밝힌 것처럼 그 석상에 수록된 저서명들이 한 사람의 것이 아니라 두 사람의 것이라는 점을 고려한다면, 「사도 전승」을 로마의 히뽈리뚜스의 작품으로 간주하는 것은 문제가 있다. 그렇지만 앞에서 열거한 유사 문헌들 가운데 히뽈리뚜스의 이름이 나온다는 점은 고려해야 할 것이다.

최근에 **M. Metzger**[38]는, 「사도 전승」이란 명칭 자체부터 문제가 있다고 지적하면서, 이를 "x" 문헌이라 부르며, 이 문헌이 로마 교회의 전례 문헌이라고 하는 주장을[39] 반박하였다.[40] 그가 제시한 여러 가지 논증에는 일면 타당성이 있지만, 「사도 전승」이 히뽈리뚜스의 저서가 아니며 따라서 로마 교회의 전례를 대표하는 문헌이 아니다라고 단정지을 수 있는 논증은 되지 못한다. 이 문제에 대한 논쟁이 무의미한 것은 아니다. 왜냐하면 동·서방 교회에 광범위하게 퍼져 있는 이 문헌이 로마의 히뽈리뚜스의 저서로 인정받게 되면, 로마 전례가 다른 지역의 전례 발전의 원형이나 모델이 되기 때문이다. 타 교회에 대한 로마 교회 전례의 우월성을 주장하는 학자들은 「사도 전승」을 히뽈리뚜스의 작품으로 보려는 경향이 있는 것이 사실이다.

한편 Hanssens[41]는 다르게 설명을 한다. 그는 「사도 전승」이 알렉산드리아 교회에서 나와서 로마에 전래되었으며, 그외 다른 교회에서도 이 문헌을 기초로 해서 각기 따로 발전하게 되었다고 말한다. 이러한 설명은 「사도 전

---

38. M. Metzger, "Nouvelles perspectives pour la pretendue Tradition apostolique", *Ecclesia Orans* 1988/3 Roma, 241-259.

39. 「사도 전승」이 로마의 히뽈리뚜스의 저서이며 로마 전례를 대표한다고 주장하는 가장 대표적인 학자들은: B. Botte, "L'authenticité de la Tradition apostolique de Saint Hippolite", *Recherches de théologie ancienne et médiévale* 1949, 184; A. G. Martmort, "La Tradition apostolique d'Hippolyte", L'année canonique 1979, 157-173; "Nouvel examen de la 'Tradition apostolique' d'Hippolyte", *Bulletin de Litterature ecclesiastique* 1987, 5-25.

40. 이 주장에 반박하는 대표적인 학자는 M. Metzger와 함께, M. Magne, "Pour en finir avec la 'Tradition apostolique' d'Hippolyte", *Bulletin de Litterature ecclesiastique* 1988, 5-22.

41. J. M. Hanssens, *La liturgie d'Hippolyte*, t.I, Roma 1965, 538 참조.

승」과 유사한 문헌들이 알렉산드리아 교회를 중심으로 안티오키아 교회에 이르기까지 동방교회에 널리 유포되어 있으며, 또 히뽈리뚜스 자신도 동방계 출신으로 알렉산드리아에서 교육을 받았던 사람이라는 점에 의해 뒷받침되고 있다. 그러나 이러한 설명도 추측에 의한 하나의 가설에 불과하다.

현재로서는 「사도 전승」이 히뽈리뚜스의 저서냐 아니냐, 로마 교회의 전례를 대표하는 것이냐 아니냐 하는 문제에 대한 확실한 해답을 찾을 수 없다. 양쪽의 주장 모두 장점과 약점을 동시에 지니고 있기 때문이다. 어떤 고대 사본이 새로 발견되어 확실한 증거가 제시될 때까지는 이 문제에 대한 논쟁을 계속하는 것은 별의미가 없을 것이다. 따라서 우리는 이 문헌에서 히뽈리뚜스의 이름을 배제하기로 하며, 대신 이 문헌의 이름으로는 일반적으로 큰 무리 없이 통용되고 있는 「사도 전승」을 그대로 사용하기로 한다.

4. 보편교회를 위한 가장 오래된 전례 문헌집

「사도 전승」의 가치와 중요성을 올바로 이해하기 위해서는 먼저 이 문헌이 교회의 전례에 관한 문헌이라는 문학유형적 사실과 시대적 상황에 대한 이해에서부터 시작해야 한다.[42] 학자들은 이 문헌이 3세기 초까지 거슬러올라 간다는 점에 일치하고 있으며, 또 우리는 앞에서 이 문헌의 이차적인 사료들이 그 당시에 가장 중요한 교회들인 로마 교회, 알렉산드리아 교회, 안티오키아 교회에 두루 퍼져 있었음을 살펴 보았다. 3세기의 교회는 동·서방교회를 막론하고 모두 로마제국의 박해를 받고 있었으며, 서로 긴밀한 관계 속에서 돕고 보완해 주고 있었다. 그러므로 그 당시의 교회 모습에서 4세기 이후부터 나타나기 시작하는 동·서방 교회 사이의 경쟁이나 대립, 같은 동방교회 안에서의 알렉산드리아 교회와 안티오키아 교회 사이의 경쟁이나 대립, 심지어 단죄의 모습 같은 것을 찾아볼 수는 없다. 게다가 동방교회들은

---

42. **M. Metzger,** 상게서 251-255 참조.

말할 것도 없이 로마 교회 안에서도 모두 전례 용어로 희랍어를 사용하고 있었다. 사실 동·서방 교회가 긴밀한 교류 안에서 서로 돕고 보완해 주었던 예들을 우리는 여러 교부 문헌들을 통해 알 수 있다.

전례는 그 성격상 어느 한 사람에 의해 갑자기 만들어지는 것이 아니라 기존 교회의 오랜 전통 안에서 발전,형성되는 것이다. 특히 주교 서품, 사제 서품, 성찬 전례, 세례 예식 등 교회의 가장 중요한 예식과 규범일 경우에는 더욱 그러하다. 따라서 「사도 전승」은 어느 한 사람의 저서라기보다는 어느 한 사람에 의해 기존 교회 안에서 이미 실시되고 있던 전례와 교회 규범들이 모아져 편집된 것으로 보아야 할 것이다. 이것을 뒷받침해 주는 몇 가지 사실들이 「사도 전승」 자체 안에서도 다음과 같이 발견된다.

우선 「사도 전승」 안에서 체계적이지 못한 면이 발견된다. 예를 들면, 제35장(기도를 바쳐야 할 때에 대하여)에서 나온 내용이 제41장에서 거의 글자 그대로 반복되어 나온다. 또 제19장에서는 평신도 교리교사가 예비자에게 안수해 주라고 하는데, 제28장에서는 평신도는 축복할 수 없다고 말하고 있다. 또 다른 사실은, 「사도 전승」 안에서 자신을 지칭할 때 줄곧 복수 1인칭을 사용하고 있으며, 단수 1인칭은 마지막 장인 제43장에서 단 한 번 사용하고 있다는("나는 이것들이 정통한 사람들에 의해 보존되기를 권하는 바이다") 점이다. 이것은 이 글을 쓴 사람이 저자가 아니라 편집자라는 사실을 암시하며, 끝에서 단수 1인칭을 사용한 것은 편집자의 개인적인 부탁에 해당된다고 볼 수 있다. 그리고 「사도 전승」이 따로 독립되어 전해진 것이 아니라 다른 문헌들 사이에 삽입되어 하나의 문집 형태로 전해지면서, 저자에 대한 분명한 명시 없이 주로 "사도 규정" 또는 "사도들의 교훈" 등의 이름으로 사도들의 권위를 강조하고 있는데, 이것은 사도시대부터 내려오는 오랜 전통에 의한 것임을 나타내려 한 의도를 엿볼 수 있다.

우리는 위의 사실을 토대로 다음과 같이 말할 수 있다. 「사도 전승」은 어떤 한 교회의 사람이 이미 교회 안에서 행해지던 전례 예식과 규범들을 희랍어로 편집하여 만든 것이다. 이것이 다른 교회들에 전해져서 그곳에서 어려움 없이 원칙적으로 사용될 수 있었던 것은, 그곳에서도 이미 그와 비슷한 전례와 규범이 행해지고 있었기 때문이다. 이 문헌이 지역교회마다 약간의 차이를 보이고 있는 것은, 그 지역교회의 전례나 규범이 시대의 흐름에 따라 수정 내지 축소 또는 재편집되었기 때문이다. 따라서 「사도 전승」의 원 편집자가 로마 교회의 히뽈리뚜스이든 알렉산드리아 교회의 어떤 사람이든 간에 편집자 개인을 크게 문제삼거나 강조할 필요는 없다. 다시 말하면, 「사도 전승」은 특별히 어느 한 교회의 전례가 다른 교회들에 전해져서 실행된 것이 아니기 때문에 그의 역할은 한 편집자로서의 역할에 불과할 뿐이다. 그러나 이 「사도 전승」은 그후 고정된 한 문헌으로 남아 있었던 것이 아니라 각 교회 안에서 살아 움직이는 길잡이로 작용했다는 점에서 그 편집자의 공헌이 있다고 하겠다.

다. 「사도 전승」의 내용 분석과 해설

「사도 전승」은 "머리말"(1장)과 "맺는 말"(43장)을 포함해 모두 43장으로 되어 있는데, 본문은 3부분으로 구성되어 있다. 제1부(제2-14장)에서는 주로 교회의 인적 구성, 즉 교계 제도에 대해, 제2부(제15-21장)에서는 예비자의 등록에서 세례 예식까지의 입교 과정에 대해, 제3부(제22-42장)에서는 신자생활의 제반 규범들에 대해 규정하고 있다.

"머리말"과 "맺는 말"에서는, 신도들이 사도로부터 전해 오는 전승 안에서 올바른 신앙을 보존함으로써 오류나 이단에 빠지지 않고 하느님 은총의 도우심으로 영원한 생명에 이르도록 하는 데 이 책의 의도와 목적이 있다고 밝히고 있다.

제1부: 교계 제도와 성찬 전례(제2-14장)

첫째 부분인 제2-14장에서는 9부류의 교회 인물들, 즉 감독자(2-3장), 장로(7장), 봉사자(8장), 증거자(9장), 과부(10장), 독서자(11장), 동정녀(12

장), 부(副)봉사자(13장), 치유자(14장)에 대해 주로 서술되어 있으며, 여기에 곁들여 성찬 전례(4장)와 두 가지 봉헌(5-6장)[43]에 대한 서술이 삽입되어 있다. 이들이 각기 자기 신분에 오르게 되는 방법 또는 과정은 서로 다른데, 크게 서품(ordinatio)과 서임(institutio)으로 나눌 수 있다. 서품은 전례적인 임무를 가지고 있는 감독자, 장로, 봉사자에게 국한되며, 안수 예식을 통해서 이루어진다. 반면 서임은 지명(과부와 부봉사자), 책을 넘겨 주는 의식(독서자), 개인의 결심(동정녀) 등을 통해 이루어진다.

1) 서품에 의한 성직 계열: 감독자, 장로, 봉사자

현재 한국 가톨릭교회 안에서 통용되고 있는 "주교", "신부"(혹은 "사제"), "부제" 등의 용어들은 성직 계열의 계급을 부각시키기 위해 사용된 것으로서 각 용어가 가지고 있는 원래의 의미를 상실해 버린 결과를 가져왔다. 독자들에게 혼란을 초래할 위험이 있지만, 우리는 원래의 뜻을 살려 해제의 이 부분과 「사도 전승」의 본문에서, "episcopus"를 "감독자"(= 주교)로, "presbyter"를 "장로"(= 신부)로, "diaconus"를 "봉사자"(= 부제)로 번역하기로 한다. 왜냐하면 이 용어들은 신약성서에도 이미 사용되어 왔으며, 「사도 전승」 본문에서도 각 직책이 맡고 있는 역할들을 이해하는 데에 훨씬 도움이 되기 때문이다.

감독자, 장로, 봉사자의 서품 예식은 모두 안수와 서품 기도로 되어 있다. 안수는 성령의 능력을 내려주는 의식이며, 서품 기도는 서품자가 맡게 될 사명과 책임 한계를 규정하면서 이에 맞는 은총을 비는 내용으로 되어 있다. 각 서품 예식에서 안수할 수 있는 사람의 자격, 내려지는 성령의 능력은 각각 다르다. 감독자 서품에서는 감독자들만이 안수할 수 있으며, 안수를 통해 감독자는 "위대한 영"(principalis spiritus) 또는 "대사제의 영"

---

43. "기름 봉헌"(5장)과 "치즈와 올리브의 봉헌"(6장)은 제1부에서 다루지 않고, 그 성격에 따라 제3부에서 다루기로 한다.

(spiritus primatus sacerdotii)[44]을 받는다. 장로 서품에서는 주례자인 감독자와 다른 장로들이 안수할 수 있으며, 안수를 통해 장로는 "은총과 의견의 영"(spiritus gratiae et consilii)[45]을 받는다. 봉사자서품의 경우에는 감독자 혼자 안수하고, 안수를 통해 봉사자는 "은총과 열의와 열성의 영"(spiritus gratiae et sollicitudinis et industriae)[46]을 받는다. 감독자가 받은 "위대한 영", 장로가 받은 "은총과 의견의 영", 봉사자가 받은 "은총과 열의와 열성의 영"은 같은 성령께서 각 직분에 맞게 베풀어 주시는 능력을 말한다.

그런데 안수할 수 있는 권한과 서품할 수 있는 권한이 항상 동일하지 않다. 서품할 수 있는 권한은 서품 기도문을 외우는 주례자에게 있는데, 이것은 감독자만이 할 수 있다. 장로 서품에서 다른 장로들이 감독자와 함께 안수하는 것은, 그들이 장로직에 공통되는 영(靈), 즉 새로 서품될 장로가 받게 될 영과 동일한 영을 갖고 있기 때문이다(8장). 마찬가지로 감독자 서품에서 주례자인 감독자와 임석한 다른 감독자들이 함께 안수하는 것도 같은 논리이다. 말하자면, 안수는 안수하는 사람이 갖고 있는 수준의 영을 동료 서품자에게 나누어 줄 수 있다. 그러나 봉사자의 경우에는 영을 받을 수만 있지 줄 수 없다.

감독자는 신자들에 의해 선출되며, 지역교회의 으뜸으로서 장로단과 봉사자들의 도움을 받아 교회를 사목한다. "대사제의 영"을 통해 받은 그의 대사제직은, 구약의 사제직으로부터 시작해 성부께서 성자 예수 그리스도께 주셨으며, 성자께서 다시 사도들에게, 그리고 사도들은 그 후계자들에게 전해 준 권한이다. 따라서 사도들의 후계자들인 감독자의 권한은 하느님으로부터 유래되는 신적 권한인 것이다. 이 신적 권한을 받은 감독자는 하느님의 양떼인 교회를 보살피는 사목직, 하느님께 제사를 바치는 사제직과 더불

---

44. 제3장: 77-79쪽 주 9와 13 참조.
45. 제7장: 95쪽 주 3 참조.
46. 제8장: 102쪽 주 7 참조.

어 죄사하는 권한, 교회에 필요한 직무들을 나누어 주는 권한 그리고 악령을 제어하는 권한을 갖고 있다. 즉, 그는 지역교회 안의 모든 권한을 갖고 있으며, 그로부터 권한을 위임받지 않으면 어떠한 권한도 그 지역교회 안에서 행사될 수 없다. 따라서 장로와 봉사자들은 서품을 통해 감독자로부터 권한을 받아야만 비로소 그 권한을 행사할 수 있게 되는 것이다.

장로직은 민수 11,17-25에 나오는 70인 장로들에게 그 기원을 두고 있다. 즉, 모세가 하느님께 자기 혼자서 이스라엘 백성을 다스릴 수 없음을 아뢰자, 하느님은 모세에게 명하여 70인의 장로들을 협조자로 두게 하셨던 것이다. 그러나 구약의 장로들은 하느님의 영(靈)을 받았지만 사제직을 행사한 것은 아니며, 모세를 도와 백성을 관리하는 일종의 행정직을 맡고 있었다. 장로직은 구약시대인 출애굽 당시에는 아론에 의해, 그후에는 레위지파에 의해 계승되어 왔다. 신약에 이르러 새로운 하느님의 백성인 교회를 지도하는 역할은, 감독자가 맡게 되었으며, 그의 보조자 역할은, 구약의 유대 전통에서 나온 용어를 그대로 사용한 "장로"(presbyter)가 맡게 되었다. 「사도 전승」에서도 "장로" 용어를 사용하고 있는데, 이 용어에는 하느님의 백성의 으뜸인 감독자를 도와 주는 협조자란 뜻이 내포되어 있다. 한편 「사도 전승」에서의 장로가 사제권을 갖고 있느냐 하는 문제가 제기된다. 장로서품에 대해 규정하는 제7장에서는 이에 대한 직접적인 언급이 없고, 다른 장들에서 간접적으로 암시되어 있다. 장로는 성찬 전례에서 감독자와 함께 예물에 손을 얹고 감사의 기도를 바침으로써 공동집전을 한다(4장). 또 봉사자는 "사제직에 서품되는 것이 아니다"(8장)라는 표현은, 장로는 사제직에 서품된다는 것을 암시하는 것이며, 또 감독자를 일컬어 "사제들의 으뜸"(34장)이라고 하는 표현에서 "사제들"은 장로들을 지칭하는 것으로 보인다. 그러나 「사도 전승」에서는 장로가 독자적으로 사제직을 행사하는 것으로 나타나 있지는 않고, 감독자와 함께 행사하는 것으로 되어 있다. 말하자면, 교회 안에서 감독자의 가장 중요한 역할이 사제직이며, 대사제직을 맡고 있는 감독자를 보좌하는 장로들은 감독자의 사제직에 동참하게 되는 것이다.

우리 말로 "부제"라고 번역되는 "diaconus"는 원래 "봉사자"란 뜻이다. 봉사자는 "사제직에 서품되는 것이 아니라 감독자로부터 명령받은 것을 이행하며 감독자에게 봉사하기 위해 서품된다"고 분명히 규정되어 있다. 다시 말해, 봉사자는 장로와는 달리 사제직을 갖고 있지 못하고, 감독자가 지시하는 것만 행할 수 있다. 따라서 봉사자는 장로의 경우보다 감독자에게 더 종속되어 있다. 후대에 봉사자직은 사제직을 준비하는 하나의 과정으로 변하였지만, 원래 고유한 직분이었다. 봉사자는 성찬 전례에서 예물을 제단에 가져오며, 각종 전례 집회에서 감독자나 장로를 도와 주고, 자선적인 봉사를 한다. 봉사자는 안수를 통해 서품됨으로써 감독자와 장로와 함께 전례 집행을 위한 성직자(clericus) 계열에 오르는 것이다.

2) 서임에 의한 직책과 신분: 독서자, 부(副)봉사자, 과부, 동정녀

서품에 의한 성직 계열 외에도 교회의 필요에 따라 여러 가지 직책이 있다. 251년에 로마의 감독자 꼬르넬리우스 교종이 안티오키아의 감독자 파비우스에게 보낸 한 서간[47]에서, 로마 교회 안에는 1명의 감독자와 46명의 장로와 7명의 봉사자, 7명의 부봉사자, 42명의 복사(accolitus), 52명의 구마자, 독서자 그리고 수문직자들이 있으며 1,500명 이상의 과부들과 가난한 사람들이 있다고 전하고 있다. 「사도 전승」에는 위의 편지에서 열거된 직책들 중에서 "복사"(accolitus)와 "수문직자"(ostiarius)가 빠져 있고 대신 "증거자"(9장)와 "동정녀"(12장)가 들어 있다. 이러한 차이는, 서품에 의한 성직 계열에 속하는 감독자, 장로, 봉사자는 일찍부터 교회 안에 정착되었던 반면, 그외 서임에 의한 다른 직책들은 지역교회의 상황과 시대적 여건에 따라 변경 또는 발전되었던 사실에서 오는 듯하다. "증거자"(9장)와 "치유자"(14장)는 특별한 서임의 의식 없이 행위 자체로 인정되며 또한 그 역할이 특이하므로 아래에서 따로 다루기로 한다.

---

47. Eusebius, *Historia ecclesiastica* VI,43,11(에우세비오, 교회사, 성 요셉 출판사, 1985, 337) 참조.

독서자(11장)와 부봉사자(13장)에 대해서는 아주 간략하게 한 문장으로 서술되어 있다. 이들에게 안수하지 말라는 단서와 함께 독서자에게는 책을 넘겨 주는 의식을 통해, 그리고 부봉사자의 경우에는 지명함으로써 세우라고 한다. 독서자의 구체적인 역할은 명시되어 있지는 않지만, 명칭 자체가 암시하듯이 전례나 공식 행사에서 성경 독서를 했으리라고 쉽게 상상할 수 있다. 한편 부봉사자는 봉사자를 도와 주는 보조 역할을 한다. 앞에서 언급한 꼬르넬리우스의 서간에서는 부봉사자가 봉사자 다음에 열거되어 있어 서임에 의한 다른 직책들보다 중요한 직책처럼 보이지만, 「사도 전승」에서는 독서자는 물론 동정녀보다도 아래에 열거되어 있다. 그렇다고 「사도 전승」 안의 이러한 배열이 꼭 직책의 중요성을 나타낸다고 말할 수는 없다.

「사도 전승」은 여자들의 두 가지 신분, 즉 "과부"(10장)와 "동정녀"(12장)에 대해 언급하고 있다. 과부들은 1디모 5,3-16에서 보듯이 사도시대부터 교회 안에서 특별한 관심과 배려를 받았다. 과부 명단에 등록된 과부들은 신분상의 대우를 받음과 동시에 교회 안에서 일정한 봉사활동을 하였다. 이러한 전통이 「사도 전승」에도 계속되지만, 과부 명단에 등록되는 자격 기준은 약간의 차이가 있다. 사도 바울로는, 60세 이상의 늙은 과부로서 한 번밖에 결혼하지 않았던 사람은 과부 명단에 올리지만, 그 이하의 과부는 젊은 과부로 취급하여 올리지 말라고 한다. 왜냐하면 젊은 과부는 정욕에 이끌려 다시 결혼할 마음이 생기게 되어 처음의 약속을 깨뜨리게 될 위험이 있기 때문이라고 한다. 한편, 「사도 전승」에서는 과부가 된 기간과 과부의 나이를 적용하는 두 가지 기준에 대해서 말한다: "그녀의 남편이 이미 오래전에 죽었으면 그렇게 할 것이다. 만일 그녀의 남편이 죽은 지가 오래 되지 않았으면, 그녀를 신뢰하지 말 것이다. 그러나 그녀가 연로하다면 (일정한) 기간 동안 시험해 볼 것이다." 여기서 나이를 60세로 한정하지 않은 것이 특징인데, 젊은 과부라 하더라도 오랜 과부생활에서 그 신빙성이 입증된 경우에는 과부 명단에 올릴 수 있음을 뜻한다. 한편 사도 바울로는 과부들의 역할을 말하면서, 과부들은 "자녀들을 기르며 나그네들을 대접하고 성도들의 발을 씻어 주며 어려움을 겪는 사람들을 도와 주고, 온갖 선행에 힘쓰는"(1디모 5,10) 사람이 되라고 함으로써 가정 안에서의 역할과 교회 안에서의 자선적 역할을 강조하고 있다. 그러나 「사도 전승」에서는, 교회 안에서의 자선적 역할에 대한 언급 없이, "과부는 기도를 위하여 세워지는데, 기도는 모든 신자들의 의무이다"라고만 간략히 언급함으로써 다만 기도하는 영적인 역할만을 말하고 있다.[48] 이것은 교회 안에서의 자선적인 역할이 주로 봉사자들에게 이양되었기 때문인 듯하다.[49]

동정녀에 관해서는 역할에 대한 언급 없이 동정녀가 되는 방법에 대해서만 간단히 서술되어 있다: "동정녀에게 안수하지 않으며, 동정녀가 되겠다는 (본인의) 결심만 있으면 된다." 여기서 "결심"(propositum; προαιρεσις)은 본인만을 위한 사적 결심인지, 아니면 공적 성격을 띤 서원의 의미를 갖고 있는지 불분명하다. 만일 순전히 사적 결심의 의미라면, 결혼하지 않고 혼자 살겠다고 마음먹었다가 얼마 후에 결혼을 하게 되더라도 아무런 구속력이 없을 것이다. 그러나 여기서 동정녀 신분을 특별히 거론하고 있는 것은 본인의 결심이 어떤 구속력을 갖고 있으며, 교회 안에서 공적인 성격을 띠고 있다는 것을 암시한다. 이러한 동정녀들이 한 곳에 모여 공동생활을 했을 가능성을 아직 엿볼 수 없지만, 본인의 "결심"이 일종의 서원적인 성격을 갖고 있다고 볼 수는 있겠다.

3) 증거자와 치유자

제9장에 규정되어 있는 증거자들은 박해 중에 있던 당시의 교회 상황에서 나온 특별한 경우이다. 초대교회는 그리스도께 대한 믿음 때문에 목숨을 바

---

48. 교회 공동체 안에서 과부들의 역할에 대하여: J. Daniélou, "Le ministere des femmes dans l'Église anciennes", *La Maison-Dieu* 61(1960), 70-97 참조.

49. 1디모 5,13에서 사도 바울로는 과부들의 부정적인 측면을 다음과 같이 말하고 있다: "그들은 빈둥거리면서 이집 저집 돌아다니고, 또 빈둥거릴 뿐 아니라 수다스럽고 남의 일에 참견하며 쓸데없이 지껄이는 짓만 익힙니다."

친 사람은 순교자(martyr)라고 불렀으며, 고문이나 형벌을 받았지만 죽지 않은 사람을 증거자(confessor)라고 불렀다. 순교자들에 대한 신자들의 공경심이 컸던 것처럼 증거자들도 교회 안에서 살아 있는 신앙의 모범자로 존경을 받았고 따라서 상당한 영적 권위를 갖게 되었다.

「사도 전승」에서는, 증거자들이 보여 준 증거의 정도, 즉 그들이 받은 고통의 정도에 따라 그들을 차등있게 대우할 것을 명시하고 있다. 첫째 경우로서, 감옥에 갇혔던 증거자는 장로직이나 봉사자직을 받기 위해 안수받을 필요가 없다고 하는데, 그 이유는 그의 신앙고백을 통해 이미 "장로직의 영예"(honorem presbyteratus)를 갖고 있기 때문이라고 한다. 그렇다면 이 첫째 경우의 증거자는 자동적으로 장로직을 갖게 되며, 그의 신앙고백은 장로 서품을 대신한다는 것을 뜻하는가? "장로직의 영예"란 표현은 그가 실제로 장로직의 권한을 갖고 있지는 않지만 일단, 장로에 준하는 예우를 해준다는 뜻으로 이해할 수도 있겠다. 그런데 바로 이어서 나오는, "그러나 만일 그를 감독자로 세우려 하면, 그에게 안수할 것이다"란 표현을 보면, 앞의 장로직과 봉사자직이 단순한 영예가 아니라 실질적인 권한을 갖고 있는 직책임을 암시한다. 이러한 해석은 이어서 나오는 증거자의 둘째 경우를 보면 그 개연성이 더욱 높아진다. 직접적인 체포나 옥살이나 고문을 받지 않고 간접적인 어려움을 겪으면서 신앙을 고백한 증거자의 경우에는 그에게 합당한 어떤 직책을 주기 위해 안수하라고 한다. 앞에서 이미 살펴 보았듯이, 안수는 감독직이나 장로직이나 봉사자직에만 해당된다. 따라서 증거의 성질이 낮은 이 둘째 경우의 증거자는 자동적으로 장로나 봉사자가 되는 것이 아니라 반드시 안수에 의한 서품을 받아야 한다는 뜻이다. 지역교회 안에서 "직무들을 나누어 주는"(3장) 것은 감독자의 고유 권한이므로, 감독자는 증거자들의 증거의 정도를 구별하고, 각 증거자의 자질에 따라 그에 맞는 직책을 맡기는 공적 선언을 하였던 것으로 보인다.

증거자가 서품에 의하지 않고 직접 장로나 봉사자가 될 수 있다는 것은 성사 신학적인 문제를 야기시킨다. 신앙고백이 장로 서품과 같은 효력을 낸다는 것과 비슷한 논리는 세례신학에서도 발견된다. 제19장을 보면, 예비자가 아직 세례를 받기 전에 순교했더라도 의화되어 구원을 받을 수 있는 까닭은, 자기 피에 의한 세례, 즉 혈세(血洗)를 받았기 때문이라고 말하고 있다. 결국 순교 자체가 세례성사와 동일한 효력을 갖게 되는 것처럼 신앙고백 자체가 장로 서품이나 봉사자 서품과 동일한 효력을 갖게 된다는 논리도 가능하다. 증거자들의 경우에서, 위에 말한 감독자의 판단과 공적 선언, 즉 감독자로부터의 승인이 장로직이나 봉사자직을 위한 서품을 대신한다고 말할 수 있겠다.

증거자들에 대한 이러한 예우와 그들이 갖고 있는 영적 권위는 후에 남용되기도 하여 교계제도에 큰 혼란을 초래하는 경우들도 있었다. 예를 들어, 카르타고의 감독자 치쁘리아누스가 251년에 쓴 「배교자들에 대하여」(De lapsis)란 저서를 보면, 박해 중에 배교했기 때문에 교회로부터 파문받은 사람들이 다시 교회에 돌아오려면 감독자가 공적으로 지정한 길고도 엄한 참회 절차를 거쳐야 함에도 불구하고, 이를 피하기 위해 증거자에게 직접 찾아가서 개인적으로 손쉽게 화해선언(reconciliatio)을 받아내는 폐단이 있었기 때문에 치쁘리아누스 감독자는 이를 엄하게 금지시키고 있다.[50]

제14장에 간략하게 서술되어 있는 치유의 은사를 갖고 있는 사람들에 대해서 다음의 두 가지 원칙을 엿볼 수 있다. 첫째, 치유의 은사는 전례적인 봉사와 연관된 것이 아니기 때문에 당사자에게 안수하지 않는다. 둘째, 치유의 은사는 개인적인 은사이므로 그 진실성의 여부, 즉 하느님으로부터 온 은사인지 아니면 악마의 장난인지 공적으로 판별하기 어려우므로 그에 의해 이루어진 치유의 기적들을 보고 진실성의 여부를 가릴 수밖에 없다는 것이다. 치유의 은사는 사도들에게는 물론 사도시대의 일반 신자들에게도 있어 왔다(1고린 12,9). 여기서 말하는 치유는 육체적인 병 치유는 물론 영적인 병 치유, 예를 들면, 마귀를 쫓아내는 것도 포함된다고 볼 수 있다. 이런

---

50. 치쁘리아누스, 「도나뚜스에게 …」, 교부총서 제1권, 분도출판사 1987, 14-16 참조.

관점에서 "치유자"는 앞에서 언급한 꼬르넬리우스 교종의 서간에 나오는 "구마자"와 연관된다고 볼 수 있다.

4) 성찬 전례

감독자 서품(3장)에 이어 새로 서품된 감독자와 장로단이 함께 성찬 전례를 거행한다. 성찬 거행에 대한 언급이나 단편적인 묘사는 이전의 문헌들[51]에서도 나오지만, 「사도 전승」 4장은 성찬 기도문(anaphora)을 완전히 소개하고 있는 최초의 교회 문헌이다.

봉사자들이 제단에 봉헌물, 즉 빵과 포도주를 가지고 오면 감독자와 장로들은 그 예물에 손을 얹고 "감사의 기도"를 바친다. 이 감사의 기도를 S(AE)에서는 희랍어 단어를 그대로 살려 "εὐχαριστεῖν"라고 명시하고 있는데, 이것은 교회 안에서 성찬 전례를 흔히 "eucharistia"라 부르고 있다는 점을 상기시키기 위해서이다. 이 성찬 기도문은 감독자의 권유("주께서 여러분과 함께"; "마음을 드높이"; "주님께 감사합시다")와 회중의 응답("또한 당신의 영과 함께"; "우리는 주님께 마음을 향하고 있습니다"; "마땅하고 옳은 일입니다")으로 시작된다. 이러한 권유의 인사말이 있은 다음 본격적인 축성기도가 이어진다. 이 축성기도는 다음의 다섯 가지 요소로 구성되어 있다. 첫째, 성자 예수 그리스도의 구원 업적에 대해 하느님 아버지께 바치는 감사의 기도; 둘째, 성체성사 제정에 대한 주님의 말씀; 셋째, 주님의 죽음과 부활에 대한 기념(anamnesis); 넷째, 성령을 청하는 기도(epiclesis); 다섯째, 장엄한 영광송(doxologia)이다.

첫째 부분에서는, 성자 그리스도의 구원 역사에서 가장 중요한 사건들, 즉 창조,육화,수난,죽음,부활이 요약되어 있어서 마치 사도신경의 성자에 관한 대목을 연상케 한다. 둘째 요소인 성찬 제정에 대한 주님의 말씀 부분

---

51. 대표적인 문헌은, 「디다케」 IX-X; XIV와 유스띠누스, 「제1호교론」 65-67이다. 이형우, 「초기교회의 성체 이해」, 사목 129(1989년 10월), 69-72 참조.

은, 마태오-마르코의 양식(樣式)을 따르지 않고 루가-바울로의 양식을 따르고 있다.[52] 여기서 주님의 말씀을 직접화법으로 인용하고 있는 것은 빵과 포도주가 실제로 주님의 몸과 피로 변화된다는 사실을 가리키고 있다. 셋째 요소인 "anamnesis"(기념 혹은 기억)는 성 목요일의 최후만찬만을 기념하는 것이 아니라 그분의 수난과 부활을 포함한 빠스카의 신비를 기념하며, 이로써 신도들로 하여금 주님 앞에 합당한 자로 예배드릴 수 있도록 하는 것이다. 넷째 요소인 "epiclesis"(성령을 청하는 기도)는 두 가지 의미를 내포하고 있다. 즉, 빵과 포도주의 성변화(聖變化)를 위한 성령의 역할("거룩한 교회의 예물에 당신 성령을 보내 주소서")과 전례 공동체인 교회의 일치와 신앙을 위한 성령의 도우심을 비는 것이다. 마지막 요소인 성삼위(聖三位)에 대한 장엄한 영광송으로 성찬 기도문이 끝난다.

다섯 가지 요소로 구성된 이 성찬 기도문은 후대 동·서방 교회의 모든 성찬 기도문의 전형이 되었다. 후대 성찬 기도문들에서는 이 다섯 가지 요소에 다른 기도들, 예를 들면, 교종과 감독자를 위한 기도, 산 이와 죽은 이를 위한 기도 등이 첨가되기도 하였다. 그런데 후기 성찬 기도문들에서 "epiclesis"의 위치가 서로 다른 경우들이 있다. 예를 들면, 알렉산드리아 교회의 성찬 기도문에서는 "epiclesis"가 성체성사 제정에 대한 주님의 말씀 바로 앞에 위치하여 성변화에서 성령의 역할을 강조함으로써 로마 교회와 논쟁을 불러일으켰다.[53] 또 어떤 성찬 기도문에서는 "epiclesis"가 성체성사 제정에 대한 주님의 말씀 앞과 뒤에 분리되어 나오는데, 앞에서는 성령께서 빵과 포도주를 주님의 몸과 피로 변화시켜 주시도록 청하고, 뒤에서는 일치와 신앙 안에서 교회의 성화를 기도한다. 오늘날 로마 교회에서 공식적으로

---

52. 마태 26,26-28; 마르 14,22-25; 루가 22,19.20; 1고린 11,23-25. 정양모, 「예수의 최후만찬과 교회의 성찬」, 사목 129(1989년 10월), 69-72 참조.

53. B. Botte, "L'épiclèse de l'anaphore d'Hippolyte", *Rech.théol. anc. médiév.* 14 (1947), 241-251; "A propos de la Tradition apostolique", *Rech.théol. anc. médiév.* 33(1966), 177-186 참조.

사용하는 네 가지 성찬 기도문 중에 제1 양식에는 "epiclesis"가 없는 반면, 제2-4 양식들에서는 모두 성체성사 제정에 대한 주님의 말씀 앞과 뒤에 있다.

성찬기도를 끝맺는 장엄한 영광송(doxologia)은 복잡한 구조를 가지고 있다. 우선 L 사본과 E 사본 사이의 차이점부터 살펴보자.

> L: "*... per* puerum *tuum Jesum Christum, per quem tibi gloria et honor* patri et filio cum sancto spiritu *in sancta ecclesia* tua et *nunc et in saecula saeculorum. Amen.*"

> E: "*... per* filium *tuum Jesum Christum, per quem tibi gloria et honor in sancta ecclesia nunc* et semper *et in saecula saeculorum. Amen.*"

두 사본 사이에 중요한 차이는, L에는 "patri et filio cum sancto spiritu"(성령과 함께 성부와 성자께)가 들어 있으나, E에는 없다는 점이다. 그런데 문장 구조상 L의 "patri"(성부께)는 앞의 "tibi"(당신께)를 반복하는 것이고, "filio"(성자께)는 관계대명사인 "per quem"을 나타내며 더 나아가 이 관계대명사의 선행사인 "puerum tuum Jesum Christum"(당신의 아들 예수 그리스도)을 나타내므로 문장의 구조가 매우 복잡하게 되었다. 이에 비해 E에서는 이 두 가지 반복이 없기 때문에 문법적인 어려움이 해소된 듯 보이나 영광송의 기본 요소인 성삼위(성부,성자,성령) 중에서 "성령"에 대한 언급이 빠지는 중대한 결함을 갖고 있다. 한편 제6장 끝부분에 "모든 축복에서는 이렇게 기도할 것이다"고 하면서 영광송의 표본을 다음과 같이 제시하고 있다: "*Tibi gloria, patri et filio cum sancto spiritu in sancta ecclesia et nunc* et semper et *in omnia saecula saeculorum. Amen.*" 성삼위에 대해 분명히 언급되어 있는 이 영광송은 제4장의 L 사본에서의 "tibi gloria" 이하와 거의 동일하다. 그렇다면 성찬 기도문에 나오는 영광송에 대해 다음과 같이 설명할 수 있다. 우선 일반적인 영광송은 L 사본의 "tibi gloria" 이하인데, 이 영광송은 단독으로 존재하는 것이 아니라 성찬 기도문 전체를 끝맺는 장엄한 선포라는 점을 부각시키기 위해 가급적 앞의 문장과 연결시키려고 했기 때문에 이런 복잡한 구조가 형성된 것으로 보인다.

제2부: 입교 절차와 입문성사(제15-21장)

제2부에 속하는 제15-21장은 그리스도교 공동체에 들어오게 되는 입교 과정을 규정하고 있다. 하느님의 말씀을 처음 듣기 위해 예비자 등록을 하는 것으로부터 시작해, 윤리생활과 사회적 신분에 대한 심사(15장), 그리고 금지된 직업과 일에 대한 엄격한 심사를 거쳐(16장), 3년간의 교리교육을 받게 되며(17-19장), 그다음 세례 대상자의 선발 예식과 세례 준비를 거쳐(20장), 세례성사와 견진성사와 영성체로서 드디어 완전한 신자가 되는(21장) 전과정이 비교적 체계적으로 잘 규정되어 있다.

1) 예비자 등록과 교리교육(15-19장)

하느님의 말씀을 듣기 위해 처음으로 교회에 찾아온 사람은 예비자 등록에 앞서 믿음을 가지려는 동기에 대해 질문을 받는데, 이때 본인의 대답뿐 아니라 그를 교회에 인도한 후견인의 증언이 있어야 한다. 이 예비자 등록 심사는 지망자의 윤리적 생활, 사회적 신분 그리고 직업 등 여러 각도에서 엄격히 행해진다.

이 심사에서 구체적으로 열거하고 있는 예들을 잘 이해하기 위해서 당시의 시대적 배경을 살펴볼 필요가 있다. 우리는 여기서, 노예제도가 실제로 있었으며, 주인이 자기 소유의 여자 노예를 마음대로 첩으로 둘 수 있었으며, 전반적인 문화가 다신교적 토대에 뿌리를 두고 있던 사회 안에서 박해받고 있던 교회가 어떻게 자신을 지키며 신도들에게 올바른 신앙과 윤리적으로 바른 생활을 심어 주려 했는지를 엿볼 수 있다. 예비자 지망자의 사회적 신분에서 자유인과 노예 사이에 차별을 두고 있지는 않지만, 노예인 경우에는 그의 신자 주인이 후견인이 되어야 한다. 윤리적인 생활에서 특히 일부일처제의 결혼생활이 강조되어 있으며, 미혼자의 경우에는 정상적인 성생활, 즉 지금 관계하고 있는 여자와 정식으로 결혼하든지 아니면 비정상적인 관계를 중단하든지 먼저 결단을 내려야 한다. 또 악령에 접해 있는 상태로 예비자로 등록될 수 없다.

금지된 직업과 일에 있어서, 창녀들을 조종하는 포주, 매춘부, 호색가, 협잡꾼, 화폐 위조꾼 등은 윤리적인 이유 때문에 예비자 등록에서 거부되며, 우상을 숭배하는 제관이나 우상들을 경비하는 사람, 마법사, 마술사, 점성가, 점장이, 해몽가, 부적을 만드는 사람 등은 직접적인 미신행위 때문에, 그리고 조각가, 화가, 배우, 연출가 등은 당시의 미신적인 요소와 연관되어 있었기 때문에 등록에서 제외되었다. 군인도 제외되었는데, 직업 자체가 사람을 죽이는 직업이라는 이유뿐만 아니라, 더 근본적인 이유는 당시의 군인들은 의무적으로 로마 황제를 신격화한 신상(神像) 앞에서 선서해야[54] 했던 시대적인 상황에 근거한다. 공공 경기장의 기사, 검투사, 맹수와 싸우는 투사 등은 그 잔혹성 때문에 거부되며, 그런 경기장에 구경하러 가는 것 자체도 금지되었다. 이러한 금지된 직업이나 일을 중단하는 것이 예비자 등록의 전제조건이 되었다. 그러나 두 가지 예외 사항이 있었다: 첫째 예외는 어린이들을 가르치는 교사인데, 특별한 기술이 없어서 다른 직업을 갖기가 어려우면 이를 양해하라는 것이다. 교사직은 이교적 저서들을 기초하여 가르쳐야 한다는 당시의 여건 때문에 원칙적으로 금지되지만, 교사의 개인적인 재량에 따라 그런 위험을 피할 가능성이 있기 때문에 예외적으로 용납된 듯하다. 둘째 예외는 여종인데, 이미 주인의 첩으로 살고 있으면서 자녀를 갖고 있는 어머니라면 자기 주인하고만 관계한다는 조건하에서 용납된다. 이 예외 규정에는 노예로서 달리 선택할 수 있는 가능성이 없는 실제적인 사회 여건과, 자녀에 대한 어머니의 역할이 중대하다는 사실이 함께 작용하고 있다.

위의 선발 기준에 따라 예비자로 등록된 사람은 원칙적으로 3년간의 교리교육을 받게 되는데, 본인의 교리받는 태도와 생활태도에 따라 이 기간은

---

54. 떼르뚤리아누스가 211년에 쓴 「월계관」(De corona)에서, 그리스도교 신자 군인은 황제의 신상 앞에서 서약할 것을 거부하면서, 세례 때에 우상숭배를 하지 않겠다고 한 서약을 했기 때문이라고 그 이유를 밝히고 있다.

가감될 수 있다. 교회의 오랜 전통에 따라 예비자들은 성찬 전례에 참여할 수 없었다. 3년의 예비자 기간 중 일주일에 몇 번 교리교육을 받았는지 명확히 알 수 없으나, 매일 교리교육이 실시되지는 않았던 것으로 보인다. 나아가 예비자들은 별도의 예비자 교리시간이 없이, 일반 신자들을 위한 교리 강화에 신자들과 함께 참여했던 것으로 보인다. 그 증거로 제18장에서는 교리교육을 말하면서 예비자와 신자를 같이 언급하고 있으며, 또 제35장과 41장에서는 신자들은 교리 강습일에 하느님의 말씀을 들으러 가는 것을 중히 여기라고 권고하고 있다. 말하자면, 교리 강습이 신자들에게는 중요한 권고사항인 반면, 예비자들에게는 의무사항인 것이다.

교리 강습일에 신자들과 예비자들은 우선 함께 모여 강의를 듣는다. 강의 후에 신자들과 예비자들은 각각 분리되어 따로 기도모임을 갖는데, 이 기도모임에서는 남자석과 여자석이 구분되어 있다. 그 이유는 기도모임 마지막에 하는 평화의 입맞춤의 의식에서 올 수 있는 성적 위험성 때문인 듯하다. 기도모임 중에 여자들은 요즘의 미사수건에 해당되는 "빨리오"로 머리를 가려야 했다.[55] 예비자들은 서로 평화의 입맞춤을 할 수 없었으며, 그 대신 교사로부터 안수를 받았다. 이 안수는 서품의 경우와는 성격이 판이하며, 교리교사가 성직자이든 평신도이든 구별없이 안수할 수 있었던 것으로 보아 축복의 성격을 띠고 있다고 하겠다. 만일 예비자 기간 중에 주님의 이름 때문에 순교할 경우, 아직 물로 세례를 못 받았다 하더라도 피의 세례(血洗)로 의화되어 구원받게 된다고 한다.

2) 세례 대상자의 선발과 세례 준비

3년간의 예비자 교육이 끝날 즈음, 예비자들은 세례를 받을 자격이 있는지에 대한 심사를 받는다. 이 심사는 예비자 등록을 위한 심사와 비교될 수

---

55. 떼르뚤리아누스는 198~220년 경에 쓴 「기도론」(De oratione) 20-22장에서, 여신도들은 전례 중에 성당 안에서 베일을 써야 한다고 강조한다.

있다. 예비자 등록을 위한 심사에서는 결혼생활, 성생활, 직업 등의 금지
사항들에 대한 심사가 주종을 이루었지만, 세례 대상자의 선발 심사에서는
예비자 교육기간 동안의 생활 전반에서 전향적인 발전이 있었는지에 대해
심사한다. 즉, "성실하게 살았는지, 과부들을 공경했는지, 병자들을 방문했
는지, 온갖 종류의 선행을 했는지"에 대한 물음은 단순히 의무 사항들을 잘
지켰느냐에 대한 심사가 아니라, 이웃사랑의 차원에서 자발적이고 적극적으
로 생활했느냐에 대한 보다 고차원적인 심사이다. 이 심사에서 예비자 등록
때에 그를 인도했던 후견인이 다시 그에 대해 증언한다. 따라서 이 증언은,
후견인들이[56] 3년간의 예비자 교육기간 동안 자기가 인도했던 예비자를 계속
돌보아주고 지도했음을 말해주는 동시에 그 예비자가 하느님의 자녀로 태어
날 수 있는지의 여부를 하느님과 교회 앞에서 책임있게 증언할 의무도 지니
고 있음을 보여준다.

이 심사에서 선발된 사람은 "복음을 듣게" 된다고 하는데, 이것은 아마
성찬 전례 전에 하는 말씀의 전례 부분에 참여할 자격을 얻게 된다는 뜻으
로 이해할 수 있다. 선발된 예비자들은 선발된 날부터 매일 구마식과 안수
를 받으며, 세례일이 다가오면 감독자로부터 직접 구마식을 받는다. 이때
선발된 예비자들은 감독자로부터 세번째이자 마지막 심사를 받게 되는데,
"선하지 못한 사람이나 깨끗하지 못한 사람은" 세례 대상에서 제외된다. 이
마지막 심사는 감독자의 구마식을 통해 행해지는데, 그것은 악령이 계속된
구마식으로 인해 예비자 안에 숨어 있는 것이 불가능하기 때문이라고 한다.
그렇다면 마지막 심사 때에 행해지는 감독자의 구마식에 대해 다음과 같은
의문이 제기될 수 있다. 즉, 예비자 등록심사 때에 이미 악령에 접한 사람
은 제외되었고, 3년간의 예비자 교육기간의 생활에 대한 엄한 심사를 거쳐
선발된 예비자가 세례를 눈앞에 두고 접신되었다는 말인가? 물론 그럴 가능

---

56. 이 후견인 제도는 후에 세례 대부, 대모 제도로 발전되었다. M. Dujarier, "L'uf-
    ficio del padrino", *Concilium* 2(1967), 67-72; *Le parrainage des adultes aux trois
    premiers siecles de l'Église,* Paris 1962.

성을 전혀 배제할 수는 없지만, 매일 반복되는 구마식은 다음과 같은 당시 교회의 마귀론에 따라 이해해야 할 것이다. 원조(元祖)의 범죄 이후 인간은 낙원에서 쫓겨나 악마의 수하인이 되었는데, 원래는 천사였지만 교만에 의해 천국에서 쫓겨났던 악마는 이제 자기의 차지가 된 인간이 천국에 가는 것을 참을 수 없어 온갖 유혹으로 방해공작을 하고 있다는 것이다. 그러므로 인간의 온갖 부정적인 행위와 태도는 마귀의 유혹에서 온다고 생각하게 되었다. 그렇기 때문에 세례를 받기 위해 선발된 사람은 하느님의 자녀로 합당하게 태어나기 위해 선발된 날부터 매일 구마식을 받고, 세례 당일 오후에는 감독자로부터 성대한 구마식을 받으며, 또다시 밤에 거행되는 세례식에서 주례자로부터 성대한 구마식을 받음과 동시에 마귀와 온갖 미신적 행위를 끊어버리겠다고 엄숙히 약속하는 것이다. 다시 말해, 세례 대상자로 선발된 사람들이 세례 전까지 매일 구마식을 받는 것은 영혼을 깨끗이하는 정화의 의미, 악마의 유혹을 막아내는 예방의 의미 그리고 보다 적극적으로 신자생활을 할 수 있도록 준비시키는 전향적인 의미를 내포하는 것이다.

세례 대상자들의 선발일로부터 세례일까지의 기간에 대해서는 분명히 명시되어 있지 않지만 적어도 한 주간 이상은 되었던 것으로 보인다. 또 세례 성사가 베풀어진 날에 대해서도 명시되어 있지는 않지만, 아마 초대교회의 전통에 따라 부활밤에[57] 실시된 듯한데, 이는 우리의 문맥에서도 암시되어 있다. 선발된 예비자는 목요일에 목욕하고, 금요일에 단식하고, 토요일 오후에 감독자로부터 성대한 구마식을 받는다. 그리고 토요일 해가 진 시각 즉 당시의 날짜 계산법에 의하면 일요일이 시작된 시각부터 철야기도를 시작하여 수탉이 우는 시간에 성세식을 거행할 때까지 계속한다. 여기서 우리는 빠스카 신비의 핵심이 되는 성삼일을 연상케 된다. 목요일에 목욕하는 것은, 성 목요일의 최후만찬 전에 주님께서 제자들의 발을 씻어 주면서 "목

---

57. 떼르뚤리아누스는 198~200년경에 쓴 「세례에 대하여」(De baptismo) 19장에서, 세
    례는 전례적 의미와 잘 맞는 부활축일에 우선적으로 거행하고, 그다음으로 성령
    강림축일에 거행하며, 필요한 경우에는 어느 일요일에도 거행할 수 있다고 한다.

욕을 한 사람은 발 외에는 더 씻을 필요가 없습니다"라는 말을 연상케 하며, 금요일의 단식은 우리를 위해 십자가에 돌아가신 주님의 고통에 동참하기 위해서인 듯하다. 그리고 부활밤에 주님의 부활을 기다리면서 바치는 철야기도는 교회의 오랜 전통이다. 목요일의 목욕과 금요일의 단식은 개별적으로 한 것으로 보인다. 그러나 토요일 오후에 선발된 예비자들이 함께 모이면, 감독자가 직접 그들에게 구마식을 하고 이어서 그들의 얼굴에 숨을 내쉬고, 그들의 이마와 귀와 코에 십자 표시를 해준다. 이 예식이 끝나면 이어서 철야기도에 들어간다.

특기할 사항은, 월경 중에 있는 여자는 다른 날에 따로 세례를 받게 된다고 하는데, 이것은 옷을 벗고 완전히 침수세례를 하는 데서 오는 실제적인 배려로 보인다.

3) 입문성사: 세례성사, 견진성사, 성체성사

「사도 전승」에서 가장 긴 장인 제21장에서는, 예비자가 세례, 도유, 영성체, 즉 세례성사, 견진성사, 성체성사를 연이어 받음으로써 신자 공동체에 들어오는 입문성사에 대해 자세히 서술하고 있다. 이전의 문헌은 세례나 도유에 대해 부분적으로 언급하고 있지만, 「사도 전승」은 입문성사의 전과정에 대해 자세히 묘사하고 있는 최초의 교회 문헌이다.

세례 예식은 철야기도를 하는 중에 수탉이 우는 시각에 맞추어 세례에 쓰일 물을 축성하는 예절로부터 시작된다. 물 축성의 기도문은 명시되어 있지 않지만 물의 성격에 대해서는 규정되어 있다. "샘에서 흘러 나오는 물이나 위에서부터 흐르는 물"을 원칙적으로 사용해야 하는데, 이것은 흐르는 물, 즉 움직이는 물은 살아 있는 물(生水)이고, 고여 있는 물은 죽은 물이라는 생각에서 기인한다. 세례는 새로운 생명을 주는 성사이므로 여기에 사용되는 물 역시 살아 있는 물로 해야 한다는 논리가 작용하고 있는 것이다.

물 축성이 끝난 다음 세례가 실시되기 전에, 감독자는 "감사의 기름"과 "구마의 기름"을 축성하는데, 이 두 가지 기름은 각기 바쳐지는 기도문에 의해 구별된다. "구마의 기름"은 세례에 앞서 예비자가 악마와 모든 미신행위에 대한 공적인 포기선언이 있은 다음 도유되는데, 이 기름은 요즈음의 예식서에 나오는 "예비자 성유"(oleum catechumenorum: OC)에 해당된다. 이 구마의 기름의 도유까지가 세례성사를 위한 준비예절로 볼 수 있다.

세례는 수세자가 옷을 벗은 상태에서 침수로 거행되며, 어린이들로부터 시작해 남자, 여자의 순서로 진행된다. 초기교회 때부터 자유의지를 행사할 수 없는 어린이들의 세례문제에 대해 논란이 있어 왔는데, 유아세례는 로마 교회의 오랜 전통이며 여기서 이를 분명히 하고 있다.[58] 유아세례에서 어린이 대신 부모나 친척들 중에 한 사람이 대답한다고 하는데, 이것은 세례 중에 하는 약속이나 신앙고백에 따라 어린이를 교육시켜야 한다는 책임을 부여하는 것이다.

세례는 세 번의 침수로 거행되며, 매번 신앙고백, 안수, 침수의 순으로 반복된다. 첫번째 침수에서는 성부에 대해, 두번째 침수에서는 성자에 대해, 세번째 침수에서는 성령과 성 교회와 육신부활에 대해 신앙고백을 하는데, 이 전체 내용은 사도신경의 내용과 거의 동일하다. 세례를 받고 물에서 올라오면, 장로는 "거룩한 기름"(oleum sanctum)을 수세자에게 예수 그리스도의 이름으로 발라 준다. "그리스도"란 말이 "기름 발리운 자"란 뜻인데, 예비자는 바로 그 그리스도의 이름으로 기름 발리움으로써 제2의 그리스도(alter christus), 즉 그리스도인(christianus)으로 탄생되는 것이다. 여기까지의 예식이 세례성사에 해당된다.

수세자들이 몸을 닦고 옷을 입은 후 성당 안으로 들어오면, 감독자는 그들에게 안수한 다음 자기 손에 "거룩한 기름"을 붓고 그 손으로 안수하고 이마에 십자 표시를 하면서 도유해 주고 이어서 평화의 입맞춤을 한다. 그

---

58. 126쪽 주 2 참조. J. Jeremias, *Die Kindertaufe in den ersten vier Jahr- hunderten*, Göttingen 1958; J. C. Didier, *Le baptême des enfants dans la tradition de l'église*, Tournai 1958; C. Brusselmans, *Les fonctions de parrainage des enfants aux premiers siècles de l'église*, Paris 1962.

러면 앞의 장로에 의한 도유와 여기의 감독자에 의한 도유 사이에 어떤 차이가 있는가? 두 도유에서 사용된 기름은 같은 "거룩한 기름"이다. 세례의 현장에서 장로에 의해 행해지는 도유는 세례성사를 마무리하는 예식이었다. 그러나 이제 성당 안에서의 도유는 장소적인 변화와 주례자의 변경이 있을 뿐만 아니라, 안수-도유-평화의 입맞춤으로 연결되는 연속성이 있다. 감독자에 의한 이 도유는 견진성사에 해당된다.[59] 후대에 사목상의 이유로 세례성사와 견진성사가 분리되어 거행되었지만, 여기에서 보듯이 원래 연이어 받게 되어 있다.[60] 여기서 한가지 주목할 점은, 감독자가 이미 재생의 성사, 즉 세례성사를 받아 죄사함을 얻은 수세자를 위해 성령으로 충만하여 앞으로 합당하게 신자생활을 할 수 있도록 해달라는 뜻으로 성부께 기도를 바치는 것이다.

세례성사와 견진성사가 있은 다음 입교 예식에서 마지막 단계인 성찬 전례가 거행된다. 세례와 견진을 받은 사람은 처음으로 성찬 전례에 참여하여 영성체하고 신도들과 평화의 입맞춤을 나눌 수 있는 자격을 얻게 된다. 성찬 기도문 자체에 대한 특별한 언급은 없지만, 영성체의 의미와 방법에 대해서는 자세히 서술되어 있다. 세례성사와 견진성사에 이어서 거행되는 이 성찬 전례에서 신영세자는 주님의 몸과 피로 변화된 빵과 포도주 외에 젖과 꿀과 물을 더 영하게 된다. 여기서 젖과 꿀은 에집트 종살이에서 벗어난 이스라엘 백성에게 약속된 땅을 상징하며, 물은 세례성사의 은혜를 나타낸다. 다시 말해, 주님의 몸과 피가 된 빵과 포도주를 영하는 것이 본래 의미의 영성체이며, 젖과 꿀과 물을 영하는 것은 신영세자들이 세례와 견진을 통해 받은 은총의 의미를 되새겨 주는 것이다.

---

59. J. Lecuyer, "La confirmation chez les Pères", *La Maison-Dieu* 54(1958), 23- 52; B. Neunheuser, *Taufe und Firmung, Freiburg* 1964; A. Hamman, *Le Baptême et la Confirmation,* Paris 1969.

60. 제2차 바티칸 공의회의 결의에 따라 개정된 「어른 입교 예식서」(한국 천주교 중앙협의회 발행, 1976년) 「일러두기」 34-35항에서, 어른들의 경우 세례성사 직후에 견진성사를 받도록 권하고 있다.

성찬 전례가 끝나면 감독자는 신영세자들에게 올바른 신자생활을 위한 보충 교리를 가르쳐 준다. 이 보충 교리는 윤리생활("온갖 선을 행하며, 하느님을 기쁘게 해드리고, 바르게 생활하며")과 영성생활("교회를 위해 열성적이며, 배운 바를 행하며, 신심을 향상시키는 데 전력할 것이다") 그리고 성사("거룩한 세례")와 전례("거룩한 봉헌")의 신비에 대한 가르침을 내포하고 있다.[61]

제3부: 신자생활에 관한 제반 규정(제22-42장)

「사도 전승」의 제3부에서는 신자들의 일상생활을 위한 제반 규정들을 다루고 있다. 앞의 두 부분과는 달리 제3부에서는 일관성이나 논리적 체계를 찾아보기 어려울 뿐만 아니라, 때로는 같은 내용이 반복되어 있는가 하면 본문이 너무 단편적이어서 정확한 뜻을 알아보기 어려운 경우도 있다.

1) 영성체(22장; 36-38장)

3세기의 교회에서는 주일[62]에만 공식적인 성찬 전례가 있었고, 평일에는 없었던 것으로 보인다(22장). 그러나 신도들은 주일의 성찬 전례가 끝난 다음 성체를 나누어 받아 자기 집에 모시고 가서[63] 매일 영성체할 수 있었다. 따라서 성체가 바로 주님의 몸이라는 확고한 믿음 때문에 성체를 정성되이 영해야 하는 동시에 각 가정에서 성체를 정성되이 잘 보관해야 한다는 규정이 필요하게 되었다. 성체를 영하기 전에는 다른 음식을 먹지 말아야 하는

---

61. 예루살렘의 성 치릴루스(†387)는 24편의 세례 강론을 남겼는데, 1-18편은 세례 전에 예비자 교육을 위한 강론이고, 나머지 5편(19-23편)은 세례 후 보충교육을 위한 강론인데, 이 보충교육을 "신비 교리교육"(κατηχήσις μυσταγωγικαί)이라 부른다: 그 내용은, 세례성사(19-20편), 견진성사(21편), 성체성사(22편), 전례(23편)에 대한 것이다.

62. 제22장의 E에서는 토요일과 주일 양일에 성찬 전례가 있는 것으로 되어 있고, K 에서는 주일만 언급하고 있는데, 토요일의 성찬 전례는 3세기의 관습이 아니고 후기 동방교회의 전통에 따라 여기에 첨가된 것으로 보인다. 142쪽 주 2 참조.

63. 제21장의 끝부분에 성체를 모셔갈 그릇에 대해 언급하고 있다.

공심제(空心齊)도 지켜야 했다. 이 공심제의 규정이 나오는 제36장은 문맥으로 보아 주일 성찬 전례에 참여하여 영성체하는 것을 말하고 있다. 공심제의 적용 시간, 즉 영성체를 하기 몇시간 전부터 다른 음식을 먹지 말아야 하느냐 하는 점에 대해서는 분명히 언급되어 있지 않지만, 당시의 성찬 전례가 동이 트는 새벽녘에 거행되었던 것으로 보아[64] 전날 저녁식사 이후부터 적용된다고 볼 수 있다. 이것은 평일에 자기 집에서 영성체할 때에도 마찬가지로 적용되었을 것이다.

성체는 비신자나 쥐나 다른 짐승이 먹는 일이 없도록 잘 보관해야 하며, 성체를 영하는 동안에 성체의 어떤 조각이라도 바닥에 떨어지거나 잃어버리는 일이 없도록 각별히 조심해야 한다(37장). 앞의 세례예식(21장)에서도 보았듯이 당시의 신자들은 성체와 성혈을 같이 영하는 양형(兩形) 영성체를 하였다. 그렇다면 신자들은 성체와 마찬가지로 성혈도 집에 가지고 가서 평일에 영했는가? 집에 모셔간 성체를 잘 보관하고 조심스럽게 다루어야 한다고 규정하는 제37장에 바로 이어 제38장에서는 성혈을 조심스럽게 다루어야 한다고 규정하고 있다. 두 장이 서로 연결되어 있고, 그 내용이 서로 비슷한 것으로 보아 성혈도 집에 모시고 가서 영한 것으로 생각할 수 있겠으나, 제38장 첫머리에 나오는 "하느님의 이름으로 잔을 축성할 때"라는 표현에 주목해야 한다. 이 표현은 분명히 성찬 전례를 말하며, 쏟지 않도록 조심하라는 주의는 주례자가 성혈을 축성할 때 그리고 신자들이 영할 때 조심하라는 뜻으로 보아야 한다. 만일 성혈을 집에 모시고 간다면 집에 가는 도중에 그리고 집에서 보관하는 데에도 성체의 경우보다 어려움이 훨씬 더 많다는 점도 고려해야 할 것이다. 제37장과 38장의 연결은 성체와 성혈이 주님의 몸과 피이므로 최선을 다해 소중히 다루어야 한다는 점을 강조하는 데 있다. 실제로 이를 소홀히 다루는 사람은 바로 주님을 업신여긴 죄인으로 단죄받게 될 것이라고 경고하고 있다.

---

64. 정양모, 「예수의 최후만찬과 교회의 성찬」, 사목 **129**(1989년 10월), 79-80 참조.

2) 단식 규정(23장; 33장)

과부와 동정녀들에게는 자주 단식할 것을 권하고, 장로와 일반 평신도의 경우에는 본인이 원할 때 자주 단식할 수 있다고 한다. 그러나 감독자는 모든 신도들이 의무적으로 단식하는 날에만 단식할 것을 권한다. 왜냐하면 감독자는 어떤 신자가 아가페(愛餐), 즉 공동체적 식사를 하기를 원할 때 단식의 이유로 거절하지 말아야 하기 때문이다.

「디다케」 VIII,1에 의하면, 유다인들은 월요일과 목요일을 단식일로 한 반면, 그리스도교 신자들은 수요일과 금요일을 단식일로 하였다. 따라서 수요일과 금요일은 모든 신자가 지켜야 할 의무적인 단식일이고, 과부의 명단에 등록된 과부들과, 자기 원의로 동정녀 신분이 된 동정녀들은 다른 날에도 교회를 위해 단식하고 기도할 것을 권하고 있다. 초대교회부터 단식과 기도는 희생과 참회의 방법이었는데, 이들은 교회의 다른 사람들을 위해 희생을 바치는 것이다.

주간의 단식일 외에 최대의 전례 축일인 부활절 전에 이틀간 단식할 것을 규정하고 있는데(33장), 여기서 이틀간이란 아마 성 금요일과 성 토요일을 뜻하는 듯하다. 부활 대축일을 준비하기 위한 이 단식은 모든 이가 꼭 지켜야 하지만, 임산부나 병자가 이틀간 계속해서 단식할 수 없을 경우에는 적어도 성 토요일에 빵과 물만을 먹음으로써 단식할 것을 규정하고 있다. 이 이틀간의 단식을 얼마나 엄격히 지켜야 하는지는 다음의 규정에서 엿볼 수 있다. 만일 누가 항해중에 있거나 어떤 긴급한 사정에 처해 있어 부활절의 날짜를 몰라 지나쳐 버렸음을 후에 알게 되었으면, 오순절 후에 이 단식의 의무를 이행해야 한다. 이 규정에서 엿볼 수 있는 사실은, 이틀간의 단식이 단순히 주님의 부활절을 준비하기 위해서라는 의미뿐만 아니라 참회와 보속의 의미도 내포하고 있다는 점이다. 왜냐하면 부활절이 이미 지난 경우에라도 반드시 이 의무를 이행해야 하기 때문이다. 부활절부터 오순절(성령강림절) 사이, 즉 부활시기에 단식하지 않고 그 이후에 하는 이유는, 부활시기는 기쁨의 시기라는 전례적 이유 때문이다.

빠스카 축일을 지내는 날짜는 동방교회와 서방교회가 서로 달랐다. 동방교회는 유대인들의 달력에 따라 주님께서 돌아가신 날인 니산달 14일에 지냈는데, 이 날이 어느 요일에 해당되든 상관없이 지킴으로써 주님의 죽음을 강조하였다.[65] 반면 로마 교회를 주축으로 한 서방교회는 주님의 부활을 강조하여 니산달 14일 다음에 오는 일요일을 빠스카 축일로 정하였다.[66] 각 교회마다 부활절의 날짜에 차이가 있었기 때문에 몇년간의 부활절의 날짜를 미리 정하여 공고하는가 하면, 사순절을 시작하면서 감독자가 신자들에게 사목서간을 보내면서 그해의 부활절 날짜를 알려주는 예들이 있었다. 음력을 기초로 한 부활절의 계산법은 매년 변화의 폭이 컸으므로, 니체아 공의회(325년)에서는 양력과 음력을 동시에 고려하여 춘분 다음 만월 다음에 오는 일요일을 부활절로 정하였다. 「사도 전승」의 시대는 니체아 공의회의 결정 이전이었다는 점을 고려한다면, 오랫동안 항해를 하는 선원이나 다른 긴급한 상황에 처한 신자가 부활절의 날짜를 모르고 지나쳐버릴 가능성이 그만큼 컸었다는 것을 이해할 수 있다.

3) 공동체적 식사와 축복받은 빵(24-30장)

제24-30장에서는 성찬 전례(eucharistia)와 구별되는 공동체적 식사(아가페; 愛餐)[67]에 대해 규정하면서 곁들여 성체와 구별되는 "축복받은 빵"

---

65. "니산달 14일"을 고수하는 것을 "14일론"(quartodecimanismus)이라 부르며, 이 주장은 2세기에 소아시아와 시리아 지역 안에서 우세하였다.

66. 스미르나의 주교 뽈리까르뽀가 155년에 로마를 방문하였을 때 로마의 주교 아니체뚜스와 함께 부활축일 일자에 대해 논의하였지만, 양쪽 교회의 입장만 개진하였을 뿐 일치를 이루지 못하였다. 그후 로마의 주교 빅톨(189~98년 재직)이 부활축일 일자에 대해 동·서방 교회 사이의 일치를 도모하기 위해 일련의 주교회의를 개최하였으며, 아시아 교회를 제외한 모든 교회가 로마교회의 관례를 따르기로 하였다. 빅톨 주교는 로마 관례를 따르지 않는 아시아 교회에 파문을 주겠다고 위협하자 리옹의 주교 이레네우스가 중재에 나서 양쪽의 관습을 다 존중하는 선에서 타협을 보았다. Eusebius, *Historia ecclesiastica* V,23-25(에우세비오, 교회사, 성 요셉 출판사 1985, 273-278) 참조.

67. 떼르뚤리아누스는 197년에 쓴 「호교론」(Apologeticum) 39,16에서 그리스도 신도

(eulogia)에 대해서 언급하고 있다.

공동체적 식사는 예루살렘 초대 공동체에서도 있었으며(사도 2,46), 그 후 교회 문헌들에서도 나온다. 공동체적 식사는 원래 유대 전통에서 유래하며, 「사도 전승」제25장에 그리스도교적 양식으로 그 절차가 자세히 설명되어 있다. 이 공동체적 식사는 주로 저녁에 가정집에서 거행되는데, 얼핏 보아 성찬 전례와 비슷한 점이 많다. 주례자인 감독자는 임석한 신자들과 "주께서 여러분과 함께", "또한 당신의 영과 함께", "주님께 감사합시다", "마땅하고 옳은 일입니다"라는 말을 주고받는데, 성찬 전례 때와는 달리 "마음을 드높이"라는 말은 뺀다. 그다음 감독자는 창조주 하느님께 찬미와 영광을 드리는 내용의 기도를 바치는데, 성체성사 제정에 대한 주님의 말씀, 주님의 죽음과 부활에 대한 기념(anamnesis)과 성령을 청하는 기도(epiclesis) 등 성찬 기도문에서의 핵심적인 요소가 빠져 있다.

식사 후에 감독자가 물을 탄 포도주 잔을 들고 "할렐루야"가 들어 있는 시편을 외우면 신자들은 "할렐루야"로 응답한다. 시편이 끝나면 감독자는 잔에 축복한다. 이 식사에 사용되는 빵은 주님의 몸인 성체(eucharistia)가 되는 것이 아니라 "축복받은 빵"(eulogia)이라고 분명히 밝히고 있다(26장). 이 공동체적 식사에는 예비자들도 참석할 수 있었으며, 신자들은 축복받은 빵을 받는 반면 예비자들은 "구마된 빵"(panis exorciatus)을 받는데, 두 빵의 구별은 각기 바쳐진 기도에 따라 정해진 것으로 보인다(26장; 28장).

식사는 기도의 분위기 안에서 절도있게 행해져야 한다(28장). 과식하거나 과음하여 추태를 부리는 일이 없어야 하며, 쓸데없는 논쟁을 벌이지 말고 조용히 감독자의 교훈적인 말에 귀기울이고 필요한 질문을 그에게 할 수 있다. 감독자가 참석하지 못했을 경우에는 장로나 봉사자가 식사예절을 주도하며, 만일 성직자가 한 명도 참석하지 못한 평신도들만의 식사에서도 절도

들의 공동체적 저녁식사를 희랍어로 "아가페"(ἀγάπη)라 부르면서, 사랑의 잔치임을 강조한다.

있고 조용한 분위기를 유지하되 축복예식은 할 수 없다.

이 공동체적 식사가 끝나면 신자들은 각자 음식을 자기 집으로 가지고 가는 풍습이 있는데, 특히 "축복받은 빵"(eulogia)을 가지고 간다. 이외에도 만찬을 베풀은 집주인이 손님들을 위해 따로 마련한 음식(희랍어로 "apoforetum"이라 부름)을 선물로 나누어주며, 또한 어려움에 처해 있는 다른 신도들에게 보내기도 한다. 공동체는 특히 과부나 병자나 교회일에 종사하는 사람들에게 음식을 보내는 등 갖가지 배려를 아끼지 않았다(24; 28; 30장). 이처럼 공동체적 식사는 단순한 회식이 아니라 기도의 분위기 안에서 참석자들 사이의 친교를 나누고 더 나아가 참석하지 못한 공동체의 다른 사람들까지 염려하는 사랑의 잔치(愛餐)의 성격을 띠고 있었다.

4) 소출의 봉헌과 축복(5—6장; 31—32장)

신자들은 거두어들인 소출의 맏물을 감독자에게 바쳐야 한다고 규정하고 있다(31장). 이 규정은, 구약의 법에서 소출의 맏물은 하느님의 것이며,[68] 사제의 직분을 맡고 있는 레위 지파를 양육하기 위한 십일조(十一祖)의 법[69]에 근거를 두고 있는 듯하며, 또한 풍성한 소출을 주신 하느님께 대한 감사의 뜻이 포함되어 있다.

바쳐야 할 소출의 분량에 대한 언급이 없이, 서둘러 정성껏 바치라고만 되어 있어 본인의 형편과 성의에 맡기는 듯하다. 이 봉헌은 감독자 개인을 위한 선물이 아니라 교회의 일꾼들(감독자, 장로, 봉사자 등)의 생계를 위해 사용되며, 또한 어려운 처지에 있는 사람들을 구제하는 데에도 사용된 듯하다.[70] 감독자는 신자들이 가지고 온 소출을 하느님께 봉헌하면서 바친 이들의 이름을 거명하고 그들을 축복해 준다.

---

68. 출애 13,1-2.11-16 참조.

69. 민수 18,20-32; 레위 27,30-34; 신명 14,22-23.

70. 제24장에서 그러한 가능성을 엿볼 수 있다.

제32장에서는 바쳐진 소출들 중에 축복할 것과 하지 말 것을 구별하는데, 예를 들어, 포도, 무화과, 석류, 올리브, 배 등은 축복을 하지만, 수박, 참외, 양파, 마늘 그리고 다른 채소들은 축복하지 말라고 한다. 어떤 이유에서 이런 구별을 하는지에 대한 설명은 없다. 다만 열거된 목록들을 보면, 축복할 수 있는 것들은 나무에 높이 달린 열매들인 반면, 축복할 수 없는 것들은 땅 위에나 뿌리에서 나온 소출들이라는 차이가 있을 뿐이다. 때때로 꽃들도 봉헌할 수 있는데, 장미와 백합은 봉헌하되 다른 꽃들은 봉헌하지 말라고 한다. 이렇게 구별하는 이유를 정확히 알 수는 없지만, 구약의 율법에서처럼 정결한 것과 부정한 것 사이의 차별을 두기 때문이라고 보기는 어렵고, 아마 실제적이고 실용적인 이유가 작용한 듯하다.

감독자 서품 예절(3장)과 성찬 전례(4장)에 이어 제5-6장에는 기름과 치즈와 올리브에 대한 봉헌이 언급되어 있는데, 특히 올리브의 경우는 제32장에 열거된 목록에 들어 있다. 제5-6장은 교회 교계제도의 틀(2-14장) 안에 들어 있어 그 위치가 잘 어울리지 않고, 오히려 제31-32장과 연결되는 것이 바람직해 보인다. 아마도 지금의 위치에 놓인 이유는 제4장에서 빵과 포도주가 축성되어 주님의 몸과 피로 되는 성찬 전례를 "봉헌"(De oblatione)이란 표제로 표시했는데, 제5장("기름 봉헌": De oblatione olei)과 제6장("치즈와 올리브의 봉헌": De oblatione casei et olivarum)에서도 똑같이 "봉헌"이란 표제를 사용하는 데서 오는 공통성 때문인 것으로 보인다. 기름의 축복(5장)과 치즈와 올리브의 축복(6장)에서 바쳐지는 기도의 내용은, 각기 축복된 것이 사용될 용도를 위해 하느님의 강복을 비는 것인데, 이러한 축복의 기도 양식은 다른 종류의 축복에도 비슷하게 적용된다고 볼 수 있다.

5) 기도 시간과 영성생활(35장; 41—42장)

제21장(세례 예식) 다음으로 긴 장인 제41장은, 신자가 하루 동안 바쳐야 할 기도 시간들(아침기도, 제3시기도, 제6시기도, 제9시기도, 저녁기도, 야간기도)의 의미에 대해 말하면서 아울러 영성생활에 대해 서술하고 있다.

제35장은 제41장의 앞부분과 거의 글자 그대로 반복되어 있다.

시간경들에 대한 이해를 돕기 위해서는 먼저 당시의 시간 계산법부터 살펴볼 필요가 있다. 당시의 시간 계산법에 따르면, 해가 지는 시각부터 하루가 시작되어 해가 뜨는 시각까지를 밤시간이라 불렀고, 해가 뜨는 시각부터 해가 지는 시각까지를 낮시간이라 불렀다. 밤시간과 낮시간을 각각 12등분하여 시간을 계산하였으므로, 제3시는 요즈음의 오전 9시, 제6시는 정오, 제9시는 오후 3시를 뜻한다.

여기에 서술된 순서는 아침기도로 시작하여 다음날 아침기도로 끝난다. 모든 신자는 잠에서 깨어나 일을 시작하기에 앞서 손을 씻고 하느님께 기도해야 한다. 잠에서 깨어 기도하는 시각을 "닭이 우는 시간"이라고 하는데, 그것은 바로 이 시간에 이스라엘의 자손들은 그리스도를 부인했지만 우리는 믿음으로 그분을 알아보고 죽은 이들이 부활할 때 누릴 영원한 빛에 대한 희망을 갖고 그 날을 고대하고 있기 때문이라고 그 이유와 의미를 설명하고 있다. 닭이 울 때 주님을 배반한 사람은 베드로 사도였지만, 이곳에서 이스라엘의 후손들이라는 표현을 사용한 까닭은 재판정에서 바라빠 대신 주님을 십자가에 처형하라고 외친 군중의 배반을 염두에 두고 있는 듯하다.[71] 또 "죽은 이들의 부활"과 "영원한 빛"이란 표현은 주님의 부활을 염두에 두고 있는 듯한데, 사실 전통적으로 아침기도는 부활하신 주님께 찬미를 드리고 우리의 부활을 앞당겨 기뻐한다는 의미를 갖고 있다.

아침기도가 끝나면, 교리강습이 있는 날에는 교회에 서둘러 가고, 없는 날에는 자기 집에서 성경독서를 하라고 한다. 교리강습과 성경독서는 신자들의 영성생활을 위해 중요한 것이니, 하느님의 말씀을 통해 영혼을 살찌우고 꽃피게 하는 유익한 시간이기 때문이다.

제3시기도(= 오전 9시)를 바치는 이유는, 바로 이 시간에 주님께서 십자가에 못박히셨으며, 구약의 율법(레위 6,13)에 따라 그리스도의 몸과 피를

---

71. 베드로의 배반: 마르 14,68-72; 이스라엘 후손의 배반: 마르 15,6-15 참조.

예표하는 제물의 빵이 바쳐지는 시간이기 때문이라고 한다. 따라서 제3시 기도에는 주님의 십자가상 봉헌과 성찬 전례에서의 봉헌이 연결되어 있다.

제6시기도(= 정오)는, 십자가에 달려 온 세상을 위해 기도하신 주님을 본받는 것이며, 제9시기도(= 오후 3시)는 십자가에서 피와 물을 흘리시면서 돌아가신 주님의 죽음을 통해 구원받은 의인들이 하느님을 찬미하는 모습을 본받아 기도하는 것이다. 그리고 저녁기도는 저녁에 잠자리에 들기 전에 바친다.

또 한밤중에 일어나 기도하는데, 부부가 모두 신자이면 같이 기도를 바치고, 아내가 비신자이면 옆방에 가서 혼자 기도하고 돌아와 다시 잠자리에 들어야 한다. 야간기도의 의미에 대해 다음과 같이 설명한다. 한밤중에는 별들과 나무들과 물들이 주님을 찬미하기 위해 한순간 정지하며, 하늘의 천사들이 의인들의 영혼과 하나되어 하느님을 찬미하는 이 시간에 맞추어 일어나 기도해야 한다는 점에서 야간기도는 우주적인 성격을 갖고 있다. 또한 야간기도는 열 처녀의 비유에서처럼 한밤중에 오시는 신랑과 함께 혼인잔치에 들어가기 위해, 또 언제 오실지 모르는 주님을 맞이하기 위해 깨어 기도해야 한다는 점에서 종말론적인 성격도 갖고 있다. 이 야간기도를 바치기에 앞서 하는 정화 의식은 특이하다. 잠자리에서 일어나서 먼저 물로 손을 씻고, 손에 입김을 불고는 그 입김으로 자기 몸에 십자기호를 긋는다. 여기서 물은 세례를, 입김은 성령을, 십자기호는 악의 세력을 막아내는 힘을 상징한다. 이러한 정화 의식을 한 다음에 야간기도를 바치는데, 낮시간에 바치는 다섯 번의 기도들보다 야간기도에 더 큰 의미를 부여하고 있다는 인상을 준다. 그 이유는 아마도 야간기도가 하루의 첫번째 기도[72]이므로 자기가 받은 세례성사와 견진성사를 상기하고 악의 세력으로부터 자신을 무장한다는 의미뿐만 아니라, 야간기도는 우주적인 기도, 종말론적인 기도의 성격을 갖

---

72. 당시의 날짜 계산법에 따라 하루는 해가 지는 시각부터 시작되므로 야간기도는 하루에 제일 먼저 바치는 기도가 된다.

고 있기 때문인 듯하다.

3시간 간격으로 다섯 번 바치는 낮시간경들(아침기도, 제3시기도, 제6시기도, 제9시기도, 저녁기도)과 밤중에 바치는 야간기도는 후에 수도자들과 성직자들의 성무일도로 발전되는데,[73] 여기에서는 이 기도시간들에 무슨 기도를 어떻게 바쳤는지, 즉 기도의 내용과 방법에 대한 언급이 없다. 그렇지만 우리는 제3시기도에 대해 언급하는 대목에서 이 점에 대해 어느 정도 엿볼 수 있다: "만일 네 집에 있을 때라면, 제3시에 기도하고 하느님을 찬양하여라. 만일 이 시간에 다른 곳에 있게 되면 마음 속으로 하느님께 기도하여라". 즉, 집에 있을 때에는 격식을 갖추어 기도하는데, 아마 골로 3,16에 나오는 사도 바울로의 권고대로 "성시와 찬가와 영가"로 하느님을 찬양하는 기도를 바치며, 다른 곳에 있을 때에는 암기하고 있는 시편이나 화살기도를 바쳤다고 볼 수 있다. 사실 생계를 위해 일을 해야 하는 평신도가 이러한 기도규칙에 따라 생활한다는 것은 결코 쉽지 않았을 것이며, 기도시간도 요즈음의 수도자들의 시간경처럼 길지 않았을 것이다. 다만 여기의 정신은, 그리스도의 현존을 항상 기억하고, 주님의 구원신비에 동참하면서 살아야 한다는 점과, 이러한 기도를 통해 악의 유혹을 이겨내는 힘을 얻게 된다는 점이다.

제42장에서는 정해진 기도시간 외에 유혹을 받게 될 경우에 그 유혹을 이겨내는 방법에 대해 규정하고 있다. 이마에 십자기호를 긋는데, 이 표지는 세례 때에 하느님의 모상으로 새로 태어나게 된 표지인 동시에 견진 때에 성령의 능력을 받은 표지이며, 또 출애굽 당시 이스라엘 백성을 지켜 주었던 빠스카 양의 피로써 예표되신 "완전한 양", 즉 그리스도께서 십자가상에서 흘리신 구원의 피를 나타내는 표지이기 때문이다.

---

73. J. A. Jungmann, *La liturgie des premiers siècles*, Paris 1962, 159-169; V. Raffa, "L'orario di preghiera nell'ufficio divino", *Ephemerides Liturgicae* 80 (1966), 97-117 참조.

6) 성직자단의 유대와 묘지 관리 문제(34장; 39—40장)

안수 예절을 통해 성직자 계열에 오른 감독자와 장로와 봉사자는 교회 일에 온전히 전념해야 하는 사람이다. 제39장에서는 교회의 지도자들인 이들 세 부류의 사람들이 어떠한 유대 속에서 하루를 시작해야 하는지에 대해 규정하고 있다.

장로들과 봉사자들은 교회의 으뜸인 감독자가 지정한 장소와 시간에 매일 모여야 한다. 병이나 불가피한 경우 외에는 모두 이 모임에 참석하는 것이 의무화되어 있다. 이 모임의 성격과 목적에 대해, "교회 안에 있는 사람들을 가르치고 기도한 다음 각자 자기에게 맡겨진 일을 하러 간다"고 묘사하고 있다. 교회 안에 있는 사람들을 가르친다는 것은 교리강습이 있는 날(35장; 41장)의 강의 또는 예비자들의 교리시간(17장)을 담당하는 것을 뜻한다. 따라서 이 모임의 일반적인 성격은 성직자들이 함께 모여 기도를 바치고, 감독자의 주도 아래 하루의 사목계획을 세우고 각자 담당해야 할 과제를 배정받는 것이다. 예를 들어, 제34장에 언급되어 있듯이 봉사자가 감독자에게 어느 병자를 방문해 주는 것이 좋겠다고 알려주면 감독자는 어느 때 그를 방문하겠다고 하는 등 일정을 짜는 일이 이 모임에서 가능했을 것이다.

제40장을 보면, 교회가 교회묘지를 갖고 있었을 뿐만 아니라 관리인까지 두고 있었음을 알 수 있다. 묘지 문제는 부유한 사람뿐만 아니라 가난한 사람에게도 모두 해당되는 문제이므로 특별히 가난한 이들이 부담을 느끼지 않도록 교회 공동체적 차원에서 관리되었다. 무덤을 파는 인부의 품삯과 묘지에 쓰이는 자료의 값은 당사자들이 개인적으로 부담해야 하지만, 교회는 유급 관리인들을 두어 묘지를 관리하도록 하였다. 이 관리인들의 생계를 위한 재원은 감독자가 교회의 이름으로 신도들로부터 받은 봉헌물에서 염출되었을 것이다.

지금까지의 고찰에서 우리는 당시 교회가 상당히 체계적이며 복음의 정신에 따라 짜임새있게 운영되었음을 엿볼 수 있다. 즉, 성직자단은 기도의 정신 안에서 감독자를 중심으로 긴밀하게 일치하고 협력하고 있었으며, 병자

방문, 가정방문, 공동체적 식사(아가페) 등으로 신자들과도 긴밀한 관계를
유지하고 있었다. 신자들이 교회에 바친 봉헌물은 전례와 성직자들의 생계
를 위해 사용되었을 뿐만 아니라 과부나 병자들을 도와주는 데 사용되었고,
묘지 관리인의 경우처럼 교회 공동체를 위해 일하는 사람들의 생계에도 사
용되었음을 알 수 있다.

사 도 전 승

1. Prologus

<table>
<tr><td align="center">L</td><td align="center">E</td></tr>
<tr><td>

Ea quidem quae verba fuerunt digne posuimus de donationibus, quanta quidem d(eu)s a principio secundu(m) propriam voluntatem praestitit hominibus, offerens sibi eam imaginem quae aberraverat.

Nunc autem ex caritate qua(m) in omnes sanctos habuit producti ad verticem traditionis quae catecizat ad ecclesias perreximus, ut hii qui bene ducti* sunt eam quae permansit usq(ue) nunc traditionem exponentibus nobis custodiant, et agnoscentes firmiores maneant,

</td><td>

Quod de verbo digne scripsimus de donationibus, quanta deus per suum consilium a principio dedit hominibus, dum adducit ad se hominem, eam quae erraverat imaginem.

Et nunc ad dilectum qui (est) in omnibus sanctis venientes, ad verticem traditionis quae decet in ecclesiis pervenimus, ut ii qui bene docti sunt id quod fuit usque nunc traditum custodientes, ordinationem nostram discentes, firmi sint,

</td></tr>
</table>

---

* 「사도 전승」의 본문은 유일한 본문 비판본인 B. Botte(La Tradition apostolique de saint Hippolyte. Essai de reconstitution, Münster 1963)의 것을 그대로 따른다. 이본 (異本)들은 삭제하였지만, 본문 이해에 관건이 되는 중요한 이본 문제들은 주석 에서 언급한다.

1. 머리말

L

우리는 은사들에 관한 주제를[1] 이미 합당히 제시한 바 있는데, 이 (은사들은), 하느님께서 처음부터 당신 뜻에 따라 사람들에게 베풀어 주신 것으로서, 방황하는 (당신) 모상을[2] 당신께 (되돌려) 바치게 하는 것이다.

이제 우리는 (하느님이) 모든 성도들 안에 지니셨던 사랑으로 인도를 받아, 교회들에 가르친[3] 전승의 정점에 이르른 것이다. 이것은, 잘 인도함을 받은 이들이 지금까지 전해져 오는 전승을 우리의 해설에 따라 지키고, 더욱 확고한 인식을 갖게 되기 위해서이다.

E

우리는 은사들에 관한 주제를 이미 합당히 서술한 바 있는데, 이 (은사들은), 하느님께서 처음부터 당신의 계획에 따라 사람들에게 주신 것으로서 방황하는 (당신) 모상인 인간을 당신께로 인도하는 것이다.

이제 우리는 모든 성도들 안에 있는 사랑에로 모여와서, 교회들에 합당한 전승의 정점에 이르른 것이다. 이것은, 잘 가르침을 받은 이들이 지금까지 전해져 오는 것을 지키고, 우리의 명령을 배우면서 확고한 이들이 되기 위해서이다.

---

1. "은사들에 관한 주제"(verba ... de donationibus): 「사도 전승」(Traditio Apostolica: 앞으로는 TA로 표시함)의 편집자는 앞서 이 저서를 저술했다고 말하고 있다. 이 두 작품의 연관성에 대해서는 11-4쪽을 보라.

2. "모상"(imaginem): 창세 2,26-27에 따라서 하느님의 모상대로 창조된 인간을 말한다.

3. "cat<h>ecizat"(가르치다): L의 번역자는 희랍어 "καθήχω"(적합하다)를 "καθηχέω"(가르치다)로 혼동한 듯하다.

propter eum qui nuper inventus est per ignorantiam lapsus vel error, et hos qui ignorant, praestante s(an)c(t)o sp(irit)u perfectam gratiam eis qui recte credunt, ut cognoscant quomodo oportet tradi et custodiri omnia eos qui ecclesiae praesunt.

propter conventum nunc in ignorantia lapsi sunt et qui ignorant, dum dat spiritus sanctus perfectam gratiam eis qui in recto credunt, ut sciant quomodo oporteat ut tradant et custodiant ii qui in ecclesia stant.

사실 최근에 무지로 인해 잘못을 저질렀거나 오류에 떨어진 사람, 그리고 무지한 사람들이 있는데, 이들 때문에 성령께서 올바로 믿는 이들에게 완전한 은총을 내려 주셔서 교회를 지도하는 이들로 하여금 이 모든 것을 어떻게 전해 주고 보존해야[4] 할지를 알게 되기를 바란다.

사실 최근에 무지로 인해 잘못을 저지른 사람, 그리고 무지한 사람들이 있는데, 이들 때문에 성령께서 올바로 믿는 이들에게 완전한 은총을 내려 주셔서 교회 안에 있는 이들로 하여금 (이 모든 것을) 어떻게 전해 주고 보존해야 할지를 알게 되기를 바란다.

---

4. L의 "tradi et custodiri"는 희랍어 원문에서 능동태의 뜻을 지닌 중간태를 수동태로 번역한 것으로 보인다.

2. De episcopis

L

Episcopus ordinetur electus ab omni populo, quique cum nominatus fuerit et placuerit omnibus, conveniet populum* una cum praesbyterio et his qui praesentes fuerint episcopi, die dominica. Consentientibus omnibus, inponant super eum manus, et praesbyterium adstet quiescens.

Omnes autem silentium habeant, orantes in corde propter discensionem sp(iritu)s. Ex quibus unus de praesentibus episcopis, ab omnibus rogatus, inponens manum ei qui ordinatur episcopus, oret ita dicens:

S(AE)

Ordinabitur (χειροτονεῖν) episcopus secundum quod dictum est, electus ab omni populo, irreprehensibilis. Qui cum nominatus erit et placuerit eis, populus omnis conveniet et presbyteri et diaconi, die dominica (κυριακή), episcopis omnibus consentientibus (συνευδοκεῖν) qui imposuerunt manus super eum. Presbyteri stabunt et illi omnes silebunt, et orabunt in corde suo ut descendat spiritus sanctus super eum. Rogabitur (ἀξιοῦν) unus ex episcopis stantibus ab omnibus, ut imponat manus suas super eum qui fiet episcopus et oret super eum.

---

1. "populus"(백성): 하느님의 백성인 신자 공동체를 말한다. 이후부터는 "회중"(會衆)으로 번역한다.

2. "χειροτονεῖν" 동사는 S에 보전되어 있는데, 고전적인 법률용어로서 "손을 들어 선출한다"는 뜻이 있다. 이 단어는 2고린 8,19에서도 "선출한다", "지명한다"의 뜻으로 사용되었다. 그러나 여기서는 전례적인 뜻과 성격을 나타내는 용어로서 서품될 사람의 머리 위에 손을 얹는 안수 예절을 암시한다. 이 안수 예절은 감독자, 장로, 봉사자의 서품에만 국한되어 있다(제10장 참조).

2. 감독자들에 대하여

L

감독자는 온 백성에[1] 의해 선출되어 세워질 것이다. 모든 이의 동의를 얻어 그의 이름이 발표되면, 주일에[4] 회중은 장로단과 (그곳에) 참석한 감독자들과[5] 함께 모일 것이다. 모든 (감독자들은) 한 마음이 되어 그분 위에 안수(按手)할 것이며, 장로단은 아무 것도 하지 않고 참석만 할 것이다.[6]

모든 이는 성령께서 내려 오시기를 마음으로 기도하면서 침묵을 지킬 것이다. 임석한 감독자들 중에 한 분이 모든 이의 요청을 받아들여 감독자로 서품될 분에게 안수하고 이렇게 기도할 것이다.

S(AE)

감독자는 규정된 대로 온 백성에 의해 선출되어 세워질 것이며,[2] 그는 책잡힐 데 없는[3] 사람이어야 한다. 모든 이의 동의를 얻어 그의 이름이 발표되면, 주일에 온 백성과 장로들과 봉사자들이 모일 것이다. 모든 감독자들이 한 마음이 되어 그분 위에 안수할 것이다. 장로들은 (그냥) 서 있고,

모든 이는 침묵하고 성령께서 그분 위에 내려오시기를 마음 속으로 기도할 것이다. 임석한 감독자들 중에 한 분이 모든 이의 요청을 받아들여 감독자가 될 사람 위에 안수하고 (이렇게) 기도할 것이다.

---

3. "irreprehensibilis"(책잡힐 데 없는): L에는 나오지 않지만, 감독자의 자질에 대해 말하는 「디다케」 XV, 1에 나오며, 이것은 감독자의 윤리적 조건에 대해 언급하는 바울로의 가르침에 근거를 두고 있다(1디모 3, 2).

4. 감독자 서품 날짜를 주일로 지정하는데, 당시에 성찬 전례를 위한 공식적인 집회가 주일에만 있었으므로 이를 이용한 듯하다. 장로나 봉사자의 서품 일자에 대한 언급이 없지만, 마찬가지로 주일에 거행된 듯하다.

5. "장로단"(praesbyterio)은 그 교구에 소속된 장로들 모두를 뜻하며, "참석한 감독자들"은 인근 교구들의 감독자들을 말한다.

6. 감독자를 서품하는 권한은 감독자들에게만 있고 장로들에게는 없다는 뜻이다. 장로를 서품할 때는 감독자 다음으로 다른 장로들도 안수한다(제7장 참조).

3. (Oratio consecrationis episcopi)

L

D(eu)s et pater d(omi)ni nostri
Je(s)u Chr(ist)i, pater miseri-
cordiarum et d(eu)s totius con-
solationis, qui in excelsis habi-
tas et humilia respices*, qui
cognoscis omnia antequam
nascantur, tu qui dedisti termi-
nos in ecclesia per verbum gra-
tiae tuae, praedestinans ex prin-
cipio genus justorum Abraham,
principes et sacerdotes consti-
tuens, et s(an)c(tu)m tuum sine
ministerio non derelinquens, ex
initio saeculi bene tibi placuit
in his quos elegisti dari: nunc
effunde eam virtutem, quae a te
est, principalis sp(iritu)s, quem

Ep

Ὁ Θεὸς καὶ πατὴρ τοῦ κυρίου
ἡμῶν Ἰησοῦ Χριστοῦ, ὁ πατὴρ
τῶν οἰκτιρμῶν καὶ θεὸς πάσης
παρακλήσεως, ὁ ἐν ὑψηλοῖς
κατοικῶν καὶ τὰ ταπεινὰ ἐφο-
ρῶν, ὁ γινώσκων τὰ πάντα
πρὶν γενέσεως αὐτῶν, σὺ ὁ
δοὺς ὅρους ἐκκλησίας διὰ
λόγου χάριτός σου, ὁ προ-
ορίσας τε ἀπ’ ἀρχῆς γένος
δίκαιον ἐξ Ἀβραάμ, ἄρχοντάς
τε καὶ ἱερεῖς καταστήσας, τό
τε ἁγίασμά σου μὴ καταλιπὼν
ἀλειτούργητον, ὁ ἀπὸ κατα-
βολῆς κόσμου εὐδοκήσας ἐν
οἷς ἡρετίσω δοξασθῆναι· καὶ
νῦν ἐπίχεε τὴν παρά σου
δύναμιν τοῦ ἡγεμονικοῦ πνεύ-

---

1. 이 기도문은 Ep에 희랍어 본문이 보존되어 있는데, L의 번역은 희랍어 본문에
   매우 충실한 편이다.

2. 2고린 1,3   3. 시편 112,5-6   4. 다니 13,42

5. Ep에 나오는 희랍어 "ὅρος"는 "한계"와 "법" 두 가지 의미를 갖고 있는데, L의
   번역자는 "한계"로 이해하여 "terminos"로 번역하였지만, 문맥으로 보아서는 "법"
   으로 보는 것이 타당하다. 하느님의 은총의 말씀을 통해 주어진 이 "법들"이란
   성서를 의미한다.

6. "ἁγίασμα"의 번역으로 보이는 "sanctum"이 조금 아래에서는 "sanctificationem"으
   로 되어 있는데, 문맥으로 보아 이것은 "성소"(聖所)를 뜻한다.

7. 글자대로 직역하면, "관리함이 없이 내버려두지 않으시고"이다.

3. (감독자 서품 기도)[1]

L

"우리 주 예수 그리스도의 아버지이
신 하느님, 자비의 아버지, 온갖 위
로의 하느님,[2] 당신은 높은 곳에 계
시며, 낮은 것을 굽어보시며,[3] 생겨
나기도 전에 모든 것을 알고 계시
며,[4] 당신 은총의 말씀을 통하여 교
회 안에 한계들을[5] 주셨으며, 시초
부터 아브라함의 의로운 (후예들의)
종족을 예정하시고, 제왕들과 사제
들을 세우시어 당신 성소(聖所)[6]를
끊임없이 돌보게 하셨으며,[7] 세상
시초부터 당신이 간택하신 이들 안
에서 영광받으시기를[8] 매우 기뻐하
셨나이다. 이제 당신께로부터 오는
위대한[9] 영의 능력을 (이 형제에게)
부어 주소서. 당신은 그 성령을 당

Ep

"우리 주 예수 그리스도의 아버지이
신 하느님, 자비의 아버지, 온갖 위
로의 하느님, 당신은 높은 곳에 계
시며, 낮은 것을 굽어보시며, 창조
되기도 전에 모든 것을 알고 계시
며, 당신 은총의 말씀을 통해 교회
의 법들을 주셨으며, 시초로부터 아
브라함의 의로운 종족을 예정하시
고, 제왕들과 사제들을 세우시어 당
신 성소(聖所)를 끊임없이 돌보게
하셨으며, 세상 시초부터 당신이 간
택하신 이들 안에서 영광받으시기를
기뻐하셨나이다. 이제 당신께로부터
오는 위대한 영의 능력을 (이 형제
에게) 부어 주소서. 당신은 그 성령

---

8. 라틴어 "dari"(주다)는 "δοθῆναι"의 번역으로 보이는데, 이것은 Ep에 나오는
   "δο<ξασ>θῆναι"(영광받다)에서 세 글자(ξασ)를 빠뜨리고 잘못 읽은 데서 오는 착
   각인 듯하다. 한편 이러한 착오는 L의 번역자가 사용한 희랍어 본문의 잘못일 수
   도 있다.

9. 서품은, 성령께서 내려주시는 특별한 은사이다. 감독자의 서품에서는 "위대한
   영"(principalis spiritus)을, 장로의 서품에서는 "은총과 의견의 영"(spiritum gratiae
   et consilii: 7장)을, 봉사자의 서품에서는 "은총과 열의와 열성의 영"(spiritum
   gratiae et sollicitudinis et industriae: 8장)을 받는다.

dedisti dilecto filio tuo Je(s)u Chr(ist)o, quod donavit sanctis apostolis, qui constituerunt ecclesiam per singula loca sanctificationem tuam, in gloriam et laudem indeficientem nomini tuo.

Da, cordis congnitor pater, super hunc servum tuum, quem elegisti ad episcopatu(m), pascere gregem sanctam tuam, et primatum sacerdotii tibi exhibere sine repraehensione, servientem noctu et die, incessanter repropitiari vultum tuum et offerre dona sancta<e> ecclesiae tuae, sp(irit)u[m] primatus sacerdotii habere potestatem dimittere peccatá secundum mandatum tuum, dare sortes secundum praeceptu(m) tuum, solvere etiam

ματος, ὅπερ διὰ τοῦ ἠγαπημένου σου παιδὸς Ἰησοῦ Χριστοῦ δεδώρησαι τοῖς ἁγίοις σου ἀποστόλοις, οἳ καθίδρυσαν τὴν ἐκκλησίαν κατὰ τόπον ἁγιάσματός σου εἰς δόξαν καὶ αἰνὸν ἀδιάλειπτον τοῦ ὀνόματός σου. Καρδιογνῶστα πάντων δὸς ἐπὶ τὸν δοῦλόν σου τοῦτον ὃν ἐξελέξω εἰς ἐπισκοπὴν <ποιμαίνειν τὴν ποιμνήν> σου τὴν ἁγίαν, καὶ ἀρχιερατεύειν σοι ἀμέμπτως, λειτουργοῦντα νυκτὸς καὶ ἡμέρας, ἀδιαλείπτως τε ἱλάσκεσθαι τῷ προσώπῳ σου καὶ προσφέρειν σοι τὰ δῶρα τῆς ἁγίας σου ἐκκλησίας, καὶ τῷ πνεύματι τῷ ἀρχιερατικῷ ἔχειν ἐξουσίαν ἀφιέναι ἁμαρτίας κατὰ τὴν ἐντολήν σου, διδόναι κλήρους κατὰ τὸ πρόσταγμά σου, λύειν

---

10. 희랍어 "παῖς"는 "종" 또는 "아들"의 뜻을 갖고 있는데, 여기서는 "아들"의 의미로 사용되었다. 예수를 가리켜 "υἱός"(아들) 단어 대신 이중(二重)적 의미를 가진 "παῖς"를 사용한 경우는 사도 4,27에 나온다. 한편 "παῖς" 단어는 이사야 예언서에 나오는 수난받는 "야훼의 종"의 개념을 내포하고 있어 예수 그리스도에게 구원론적 역할과 의미를 부여하고 있다.

11. L에서는, 성부께서 먼저 성자에게 성령을 주시고, 성자를 통해 그 성령을 사도들에게 주시는 순서로 되어 있는데, Ep에서는 "예수 그리스도를 통하여"로 성부께서 성자에게 성령을 주시는 단계를 함축적으로 축소시켰다.

12. Ep의 "ὅπερ ... ὅπερ"에 상응하는 L의 "quem ... quod"은 모두 선행사 "spiritus"

신의 사랑하는 아들 예수 그리스도에게 주셨으며,[11] 또 (그분은) 거룩한 사도들에게 주시어[12] 그들로 하여금 당신 이름에 끊임없이 영광과 찬미를 드리기 위해 곳곳에 당신 성전인 교회를 세우게 하셨나이다.

(사람의) 마음을 아시는 아버지, 감독직을 위해 간택하신 당신의 이 종으로 하여금 당신의 거룩한 양떼를 보살피며 책잡힐 데 없을 만큼 대사제직을 당신께 수행하게 하시고, 밤낮으로 (당신을) 섬겨 끊임없이 당신 얼굴의 (노여움을) 풀어 드리고, 당신의 거룩한 교회의 제물을 바치게 하소서. 대사제의[13] 영의 (능력으로) 당신의 계명에 따라 죄사하는 권한을 가지고,[14] 당신의 명령에 따라 직무들을 나누어 주며, 사도들에

을 당신의 사랑받는 아들[10] 예수 그리스도를 통하여 당신의 거룩한 사도들에게 주시어, 그들로 하여금 당신 이름에 끊임없이 영광과 찬미를 드리기 위해 곳곳에 당신 성전인 교회를 세우게 하셨나이다.

모든 이들의 마음을 아시는 분이시여, 감독직을 위해 간택하신 당신의 이 종으로 하여금 당신의 거룩한 양떼를 보살피며, 책잡힐 데 없을 만큼 대사제직을 당신께 수행하게 하시고, 밤낮으로 (당신을) 섬겨 당신 얼굴의 (노여움을) 풀어 드리고, 당신의 거룩한 교회의 제물을 당신께 바치게 하소서. 대사제의 영의 (능력으로) 당신의 계명에 따라 죄사하는 권한을 가지고, 당신의 명령에 따라 직무들을[15] 나누어 주며, 사도

(남성)를 받는 관계대명사인데, "quem"의 경우에는 라틴어 문법에 따라 잘 번역하였지만, "quod"에 와서는 희랍어로 중성인 "πνεύματος"를 생각한 나머지 순간적으로 착각하여 중성 관계대명사로 번역한 듯하다.

13. "대사제의 영"(spiritum primatus sacerdotii)이란, 감독자에게 주어진 "위대한 영"(principalis spiritus)을 말한다(주 9 참조). L의 "primatus sacerdotii"는 "사제직의 으뜸"이란 뜻이고, Ep에서는 "ἀρχιερατικῷ"(대사제)로 표시하였다. 이 표현들은, 장로들도 사제권을 갖고 있는데, 감독자는 그 장로들의 으뜸이란 뜻에서 대사제가 된다는 것을 나타낸다.

14. 요한 20,23 참조

15. "κλήρους"의 원래의 뜻은 "몫들"이다. TA에서는 "κλῆρος"를 교회의 "직무"로 여러번 사용한다.

omnem collegationem secun-
dum potestatem quam dedisti
apostolis, placere autem tibi in
mansuetudine et mundo corde,
offerentem tibi odorem suavi-
tatis, per puerum tuum Je(su)m
Chr(istu)m, per quem tibi glo-
ria et potentia et honor, patri et
filio cum sp(irit)u s(an)c(to) et
nunc et in saecula saeculorum.
Amen.

τε πάντα σύνδεσμον κατὰ τὴν
ἐξουσίαν ἣν ἔδωκας τοῖς
ἀποστόλοις εὐαρεστεῖν τέ σοι
ἐν πραότητι καὶ καθαρᾷ καρ-
δίᾳ, προσφέροντά σοι ὀσμὴν
εὐωδίας διὰ τοῦ παιδός σου
Ἰησοῦ Χριστοῦ τοῦ κυρίου
ἡμῶν, μεθ' οὗ σοι δόξα, κρά-
τος, τιμή, σὺν ἁγίῳ πνεύματι,
νῦν καὶ ἀεὶ καὶ εἰς τοὺς
αἰῶνας τῶν αἰώνων. Ἀμήν.

---

16. 이 구절은 마태 18,18에 근거하는 듯하지만, 이 성경구절은 제자들에게 죄사하
는 권한을 주는 문맥에 나온다. 그러나 여기서는 죄사하는 권한이 앞에 언급되어
있으므로 구마나 병 치유의 권한을 의미하는 듯하다.

게 주신 권한에 따라 온갖 속박을 풀어 주게 하소서.[16] 온유함과 깨끗한 마음으로 당신의 아들 예수 그리스도를 통하여 당신께 감미로운 향기를 바치게 하소서. 그분을 통하여 성령과 함께 당신께 〔성부와 성자께〕[17] 영광과 권세와 영예가 이제와 세세에 있으소서. 아멘."

들에게 주신 권한에 따라 온갖 속박을 풀어 주게 하소서. 온유함과 깨끗한 마음으로 당신의 아들 예수 그리스도를 통하여 당신께 감미로운 향기를 바치게 하소서. 그분과 함께 성령과 더불어 당신께 영광과 권세와 영예가 이제와 항상 세세에 있으소서. 아멘."

---

17. "성부와 성자께"(patri et filio)는 중복된 표현이다. 왜냐하면 "그분을 통하여"(per quem)는 성자를 나타내며, "당신께"(tibi)는 성부를 뜻하기 때문이다. Ep에는 이 표현이 생략되어 있다. 모든 축복을 끝맺는 영광송(doxologia)의 표본이 제6장 끝에 예시되어 있다: "영광이 성령과 함께 성부와 성자께 교회 안에서 이제와 항상 세세에 있어지이다." 47쪽 참조.

4. (De oblatione)

<table>
<tr><td>

L

Qui cumque factus fuerit epi-
scopus, omnes os offerant pa-
cis, salutantes eum quia dignus
effectus est.
Illi vero offerant diacones
oblationes*, quique inponens
manus in eam cum omni praes-
byterio dicat gratia[n]s agens:
D(omi)n(u)s vobiscum.

Et omnes dicant:
Et cum sp(irit)u tuo.

Su<r>sum corda.

Habemus ad dom(inum).

Gratias agamus d(omi)no.

Dignum et iustum est.

</td><td>

S(AE)

Cum factus erit episcopus, om-
nes dent pacem (εἰρήνη) ei in
ore eorum, salutantes (ἀσπάζεσ-
θαι) eum.
Diaconi autem inferant oblatio-
nem (προσφορά) ad eum. Ille
autem imponens manum suam
super oblationem (προσφορά)
cum praesbyteris dicat gratias
agens (εὐχαριστεῖν): Ὁ κύριος
μετᾶ πάντων ὑμῶν.

Et populus omnis dicit:
Μετὰ τοῦ πνεύματός σου.
Dicit:
῎Ανω ὑμῶν τὰς καρδίας.
Et populus dicit:
Εὔχωμεν πρὸς τὸν κύριον.
Dicit:
Εὐχαριστήσωμεν τὸν κύριον.
Et populus omnis dicit:
῎Αξιον καὶ δίκαιον.

</td></tr>
</table>

---

1. 감독자의 서품이 있은 다음, 새로 서품된 감독자가 장로들과 봉사자들과 온 회중
   과 함께 성찬 예식을 거행하는 대목이다. 이 기도문은 최초의 성찬 기도문으로서
   후대의 성찬 기도문들의 모범이 된 매우 중요한 사료이다.

2. "os ... pacis": 직역하면 "평화의 입"인데, "평화의 입맞춤"(osculum pacis)의 뜻이
   다. 그리고 S(AE)의 "pacem ... in ore"도 같은 뜻이다.

4. (봉헌에 대하여)[1]

<table>
<tr><td>

L

그가 감독자로 서품되면, 모든 이는 평화의 입맞춤을[2] 하고, "합당한 분이 (서품)되셨습니다"[3] 하고 그에게 인사할 것이다.

봉사자들이 예물을[4] 그에게 갖다 바치면, 그는 모든 장로들과 함께 그것에 손을 얹고 감사의 기도를 바칠 것이다:[5] "주께서 여러분과 함께" 하면, 모든 이는 "또한 당신의 영과 함께"라고 응답할 것이다. "마음을 드높이." "우리는 주님께 (마음을) 향하고 있습니다." "주님께 감사합시다." "마땅하고 옳은 일입니다."

</td><td>

S(AE)

그가 감독자로 (서품)되면, 모든 이는 그에게 평화의 입맞춤을 하면서 그에게 인사할 것이다.

봉사자들은 그에게 예물을 가져올 것이다. 그는 장로들과 함께 그 예물 위에 손을 얹고 감사의 기도를 바칠 것이다: "주께서 여러분과 함께" 하면, 모든 백성은 "당신의 영과 함께"라고 답할 것이다. 그가 "여러분의 마음을 드높이"라고 하면, 백성은 "우리는 주님께 (마음을) 향하고 있습니다"라고 답할 것이다. 그가 "주님께 감사합시다"라고 하면, 온 백성은 "마땅하고 옳은 일입니다"라고 응답할 것이다.

</td></tr>
</table>

---

3. "quia dignus effectus est"에서 "quia"는 희랍어 "ὅτι"의 번역으로 보이는데, "ὅτι"는 이유문의 접속사와 간접화법의 접속사 두 가지 용법으로 사용되며, 라틴어 "quia"도 이 두 가지 용법으로 사용된다. 문맥으로 보아 여기서는 간접화법으로 사용되었을 가능성이 높다.

4. 복수로 되어 있는 "oblationes"는 사본 서사(書士)의 실수로 보이는데, 왜냐하면 조금 뒤에 이를 받는 "in eam"은 단수로 되어 있기 때문이다.

5. 모든 장로들이 감독자와 함께 봉헌물에 손을 얹는 것은 성찬 전례의 공동 집전을 뜻한다. 아래의 세 가지 권고와 응답은 요즈음의 감사 서문송의 도입 부분과 같다.

Et sic iam prosequatur:

Et oret jam hoc modo et dicat sequentia secundum ordinem oblationis (προσφορά) sanctae.

E

Gratias tibi referimus d(eu)s, per dilectum puerum tuum Je(su)m Chr(istu)m, quem in ultimis temporibus misisti nobis salvatorem et redemptorem et angelum voluntatis tuae, qui est verbum tuum inseparabile[m], per quem omnia fecisti et beneplacitum tibi fuit, misisti de caelo in matricem virginis, quiq(ue) in utero habitus incarnatus est et filius tibi ostensus est, ex sp(irit)u s(an)c(t)o virgine natus.

Gratias tibi referimus deus, per dilectum filium tuum Jesum Christum, quem in ultimis temporibus misisti nobis salvatorem et redemptorem et angelum voluntatis tuae, qui est verbum quod a te <non separatur>, per quem omnia fecisti, volens, et misisti de caelo in matricem virginis, qui caro factus est et portatus in ventre et filius tuus ostensus est ex spiritu sancto.

Qui voluntatem tuam conplens et populum sanctum tibi adquirens extendis* manus cum pateretur, ut a passione liberaret eos qui in te crediderunt.

Ut compleret tuam voluntatem et populum tibi faceret, extendit manus suas cum pateretur, ut patientes liberaret qui in te speraverunt.

Qui cumque traderetur voluntariae passioni, ut mortem solvat et vincula diabuli dirumpat,

Qui traditus est in sua voluntate passioni, ut mortem solveret et vincula diaboli dirumperet, et

---

6. 여기 제시된 성찬 기도문(anaphora)은 다섯 가지 요소, 즉 감사 — 축성기도 — 기념(anamnesis) — 성령을 청하는 기도(epiclesis) — 영광송(doxologia)으로 구성되어 있다.

그리고 그는 이렇게 계속할 것이다.[6]

"하느님, 마지막 시대에 당신의 사랑하시는 아들 예수 그리스도를 구원자이며 구속자이고 당신 뜻의 사자(使者)로 우리에게 보내 주심에 감사드리나이다. 그분은 당신의 불가분의 말씀이며, 당신은 그 말씀을 통하여 만물을 창조하셨고, 당신이 가장 기뻐하시는 분이시나이다. 당신은 (그분을) 하늘로부터 동정녀의 품 안으로 (내려) 보내시고, 그 모태에서 육화되게 하시고, 당신의 아드님으로 나타나게 하시고, 성령과 동정녀로부터 태어나게 하셨나이다.
그분은 당신의 뜻을 채우시고 당신께 거룩한 백성을 얻어 드리고자, 당신을 믿는 이들을 고통에서부터 구원하기 위해 수난을 받으실 때에 손을 펼치셨나이다.[7]
그분은 자신을 스스로 수난에 내부치시어 죽음을 소멸하시고, 악마의 사슬을 깨뜨리시고, 지옥을 몰아내

그리고 그는 거룩한 봉헌의 순서에 따라 다음과 같이 기도할 것이다.

E

"하느님, 마지막 시대에 당신의 사랑하는 아들 예수 그리스도를 구원자이며 구속자이시고 당신 뜻의 사자(使者)로 우리에게 보내 주심에 감사드리나이다. 그분은 당신으로부터 분리될 수 없는 말씀이시며, 당신은 그 말씀을 통하여 만물을 창조하셨고, 당신이 원하시는 분이시나이다. 당신은 (그분을) 하늘로부터 동정녀의 품 안으로 내려 보내시고, 육이 되게 하시고, 모태에 잉태되어 성령으로부터 당신의 아들로 나타나게 하셨나이다.
그분은 당신의 뜻을 채우시고 당신께 백성을 마련해 드리고자 당신을 믿는 고통받는 이들을 구원하기 위해 수난을 받으실 때에 손을 펼치셨나이다.
그분은 자기 뜻에 따라 (자신을) 수난에 내부치시어, 죽음을 소멸하시고, 악마의 사슬을 깨뜨리시고, 지

---

7. "손을 펼치셨나이다" 동작은 십자가에 달리신 주님의 모습을 암시한다.

et infernum calcet et justos in-
luminet, et terminum figat et
resurrectionem manifestet,
accipiens panem gratias tibi
agens dixit: Accipite, mandu-
cate, hoc est corpus meum
quod pro vobis confringetur.
Similiter et calicem dicens: Hic
est sanguis meus qui pro vobis
effunditur.Quando hoc facitis,
meam commemorationem fa-
citis.
Memores igitur mortis et resur-
rectionis ejus, offerimus tibi
panem et calicem, gratias tibi
agentes quia nos dignos ha-
buisti adstare coram te et tibi
ministrare.

calcaret infernum et sanctos
dirigeret, et terminum figeret et
resurrectionem manifestaret,
accipiens ergo panem gratias
egit et dixit: Accipite, mandu-
cate, hoc est corpus meum
quod pro vobis confringetur.
Similiter et calicem dicens: Hic
est sanguis meus qui pro vobis
effundetur. Quando hoc facie-
tis, (in) meam commemoratio-
ne, facietis.
Memores igitur mortis et resur-
rectionis ejus, offerimus tibi
hunc panem et calicem, gratias
agentes tibi quia nos dignos
habuisti adstare coram te et tibi
sacerdotium exhibere.

C 12, 37. 38. 39: ὡσαύτως καὶ τὸ ποτήριον ... λέγων· ... τοῦτό ἐστι τὸ αἷμά μου,
τὸ περὶ πολλῶν ἐκχυνόμενον ... Μεμνημένοι τοίνυν τοῦ πάθους αὐτοῦ καὶ
τοῦ θανάτου καὶ τῆς ... ἀναστάσεως ... προσφέρομέν σοι ... τὸν ἄρτον
τοῦτον καὶ τὸ ποτήριον τοῦτο, εὐχαριστοῦντες σοι ... ἐφ'οἷς κατηξίωσας
ἡμας ἑστάναι ἐνώπιόν σου καὶ ἱερατεύειν σοι· καὶ ἀξιοῦμέν σε ὅπως ...
καταπέμψῃς τὸ ἅγιόν σου πνεῦμα ἐπὶ τὴν θυσίαν ταύτην ... ἵνα οἱ
μεταλαβόντες αὐτοῦ βεβαιωθῶσιν ... πνεύματος ἁγίου πληρωθῶσιν.

---

8. "terminos": 이해하기 어려운 이 단어는 제3장에서도 사용되었는데(주 5 참조),
   "ὅροι"("한계" 혹은 "법")의 번역으로 보인다. "법"이란 뜻으로 볼 때는 "(신앙
   의) 법을 제정하시고"로 이해할 수 있다. 그리고 "한계"란 뜻으로 볼 때에는
   "(지옥의) 한계를 정하시고"로 해석할 수 있다. 한편 E의 에티오피아어 "šer'et"
   는 "법", "규정"이란 뜻 외에도 "계약"(testamentum)의 뜻도 있는데 이럴 경우에
   는 "(새로운) 계약을 맺으시고"로 이해할 수도 있다.

시고, 의인들을 비추시고, (신앙의) 법을 제정하시고,[8] 부활을 드러내 보이셨나이다. 그분은 빵을 드시고 당신께 감사의 기도를 바치시면서 말씀하셨나이다: "너희는 받아 먹으라. 이는 너희를 위해 바수어질[9] 내 몸이다." 잔에도 같은 모양으로 말씀하셨나이다: "이는 너희를 위해 흘릴 내 피이다. 너희는 이를 행할 때(마다) 나를 기념하라."[10]

그러므로 우리는 그분의 죽음과 부활을 기념하여 당신께 빵과 잔을 드리오며, 우리로 하여금 당신 어전에 합당한 자로 서게 하고 봉사드리게[11] 하신 (은혜에) 감사하나이다.

옥을 몰아내시고, 성도들을 인도하시고, (신앙의) 법을 제정하시고, 부활을 드러내 보이셨나이다. 그러므로 그분은 빵을 드시고 감사의 기도를 바치시고 말씀하셨나이다: "너희는 받아 먹으라. 이는 너희를 위해 바수어질 내 몸이다." 잔에도 같은 모양으로 말씀하셨나이다: "이는 너희를 위해 흘릴 내 피이다. 너희는 이를 행할 때(마다) 나를 기념하여 행하라."

그러므로 우리는 그분의 죽음과 부활을 기념하여 당신께 이 빵과 잔을 드리오며, 우리로 하여금 당신 어전에 합당한 자로 서게 하시고, 당신께 사제직을 수행하게 하신 (은혜에) 감사하나이다.

---

9. "confringetur": 이 성체 축성이 1고린 11,24에 근거를 두고 있다면, "이는 너희를 위하는 내 몸이다"인데, 여기에 "바수어질"(confringetur)이가 덧붙여져 있다. 이 단어는 아마 1고린 11,24a("빵을 드시고 감사의 기도를 드리신 다음 떼시며 말씀하셨나이다")의 본문 중에 "떼시며"에서 온 듯하다: 성서 본문에서 "ἔκλασεν"(나누다) 동사를 사용하는데 어떤 사본(Codex Bezae)에서는 "θρυπτόμενον"(부수다) 동사를 사용한다. 사실 우리 본문과 연관된 C(τουτό ἐστι τὸ σῶμά μου τὸ περί πολλῶν θρυπτόμενον)에서도 이 단어가 나온다.

10. 두 번에 걸쳐 복수 2인칭의 "facitis"가 나오는데, 이것은 희랍어 "ποιεῖτε"의 번역으로 보인다. "ποιεῖτε"는 복수 2인칭 직설법과 명령형이 같은데, L의 역자는 두 번 다 직설법으로 번역하였다. 또한 루가 22,19와 1고린 11,25("나를 기념하기 위하여")에는 전치사 "εἰς"(라틴어: "in")가 있는데, 여기에는 빠져 있다.

11. L의 "ministrare"는 C에서 보듯이, "ἱερατεύειν"의 번역인데, 이것은 단순한 봉사가 아니라, 전례적인 봉사, 즉 사제로서의 봉사를 뜻한다. 따라서 E의 "sacerdotium exhibere"(사제직을 수행하게)가 더 타당한 번역이다.

Et petimus ut mittas sp(iritu)m
tuum s(an)c(tu)m in oblatio-
nem sanctae ecclesiae: in unum
congregans des omnibus qui
percipiunt sanctis in repletio-
nem sp(iritu)s s(an)c(t)i ad
confirmationem fidei in veri-
tate, ut te laudemus et glori-
ficemus per puerum tuum
Je(su)m Chr(istu)m, per quem
tibi gloria et honor patri et filio
cum s(an)c(t)o sp(irit)u in
sancta ecclesia tua et nunc et in
saecula saeculorum. Amen.

Et petimus ut mittas spiritum
tuum sanctum in oblationem
sanctae ecclesiae: conjungens
da omnibus qui percipiunt
sanctitatem in repletionem
spiritus sancti ad confirma-
tionem fidei in veritate, ut te
glorificent et laudent per filium
tuum Jesum Christum, per
quem tibi gloria et honor in
sancta ecclesia nunc et semper
et in saecula saeculorum.
Amen.

청하오니, 거룩한 교회의 예물에 당신 성령을 보내 주소서.[12] 거룩한 (신비에) 참여한 우리 모든 이를 일치시켜 주시고 진리 안에서 믿음이 굳세어지도록 성령으로 충만케 하시어 우리로 하여금 당신의 아들 예수 그리스도를 통하여 당신께 찬미와 영광을 드리게 하소서. 그분을 통하여 성령과 함께 당신께 (성부와 성자께) 영광과 영예가 성 교회 안에서 지금과 세세에 있으소서. 아멘."

청하오니, 거룩한 교회의 예물에 당신 성령을 보내 주소서. 거룩한 (신비에) 참여한 우리 모든 이를 결합시켜 주시고, 진리 안에서 믿음이 굳세어지도록 성령으로 충만케 하시어 우리로 하여금 당신의 아들 예수 그리스도를 통하여 당신께 찬미와 영광을 드리게 하소서. 그분을 통하여 당신께 영광과 영예가 성 교회 안에서 지금과 세세에 영원히 있으소서. 아멘."

---

12. 가장 오래되고 가장 간단한 에피크레시스(epiclesis: 성령을 청하는 기도)이다. 성찬 기도문 중에 이 부분은 동방교회 전례들에서 크게 발전되었다.

5. (De oblatione olei)

<table>
<tr><th>L</th><th>E</th></tr>
<tr><td>

Si quis oleum offert, secundum panis oblationem et vini, et non ad sermonem dicat sed simili virtute, gratias referat dicens:

Ut oleum hoc sanctificans das, d(eu)s, sanitatem* utentibus et percipientibus, unde uncxisti reges, sacerdotes et profetas, sic et omnibus gustantib(us) confortationem et sanitatem utentibus illud praebeat.

</td><td>

Oleum offert secundum oblationem panis et vini, sic gratias agens secundum hunc ordinem. Si eodem sermone non dicit, propria virtute gratias agat et alio sermone dicens:

Ut oleum hoc sanctificans das eis qui unguntur et percipiunt, in quo unxisti sacerdotes et prophetas, sic illos et omnes qui gustant conforta, et sanctifica eos qui percipiunt.

</td></tr>
</table>

---

1. 성찬 전례적 봉헌이 있은 다음, 교계제도에 대한 주제(2-14장)의 틀에서 벗어나서, 제5-6장에서는 다른 종류의 봉헌(기름 봉헌; 치즈와 올리브 봉헌)을 다루고 있다. 사실 여기에 나오는 이러한 봉헌들은 제31-32장에 나오는 소출과 꽃들의 봉헌 및 축복과 연관시킬 수 있다. 61-2쪽 참조.

2. "빵과 포도주의 봉헌"이란 제4장에 나오는 성찬 전례를 의미한다. 그리고 기름의 봉헌의 경우에 "(똑같은) 말로 하지 말라"는 것은 성찬 전례와 엄격히 구별된다는 뜻이다.

3. L은 "χρωμήνοις"(utentibus: 사용하다)와 "χριομένοις"(unctis: 바르다) 사이를 혼동하고 있는 것으로 보인다.

5. 기름 봉헌에 대하여[1]

<table>
<tr><td align="center">L</td><td align="center">E</td></tr>
</table>

L	E
누가 만일 기름을 바치면, (감독자는) 빵과 포도주의 봉헌 (방식에) 따라 하되, (똑같은) 말로 하지 말고[2] 같은 의미로 감사의 (기도를) 바칠 것이다.	(감독자는) 빵과 포도주의 봉헌 (방식에) 따라 기름을 봉헌하고 이러한 순서에 따라 감사의 기도를 바칠 것이다. 똑같은 말로 하지 않는다면, 같은 의미로 감사의 기도를 바치되 다른 표현으로 할 것이다.
"하느님, 이 기름을 거룩하게 하시어, (이 기름을) 사용하고[3] 받는 이들에게 건강을[4] 주소서. 당신이 왕들과 사제들과 예언자들을 기름 바르셨듯이,[5] (이 기름을) 맛보는 모든 이에게 용기를 주시며, (이를) 사용하는 이들에게 건강을 허락해 주소서."[7]	"이 기름을 거룩하게 하시어, (이 기름을) 바르고 받는 이들에게 주소서. 당신이 기름으로 사제들과 예언자들을 바르셨듯이,[6] 그들에게 그렇게 해주시고, 또한 (이를) 맛보는 모든 이를 견고케 하시고 (이를) 받는 이들을 성화시켜 주소서."

---

4. 두 번에 걸쳐 "sanitatem"(건강)이 나오는데, 문맥으로 보아 "sanctitatem"(성화)으로 써야 할 것을 잘못 쓴 것으로 보인다(E 본문 참조).

5. 구약에서 왕들(1열왕 1,39; 2열왕 9,6), 사제들(레위 8,12-30), 예언자들(1열왕 19,16; 출애 29,7)이 도유되었다. De Vaux, *Le istituzioni del Vecchio Testamento*, Torino 1968, 111-112.

6. E에는 "왕들"이 열거되어 있지 않으며, L의 "sanitatem"(건강) 대신에 "성화"(sanctitatem)로 되어 있다.

7. 여기에서 봉헌되고 축성되는 기름은 식용과 치료의 목적으로 쓰일 기름이다. 한편 세례 예절에 대해 언급하는 제21장에서는 전례용의 두 가지 기름, 즉 구마의 기름과 감사의 기름의 축성이 열거되어 있다.

6. (De oblatione casei et olivarum)

L

Similiter, si quis caseum et olivas offeret, ita dicat:

Sanctifica lac hoc quod quoagulatum est, et nos conquaglans tuae caritati.

Fac a tua dulcitudine non recedere fructum etiam hunc olivae qui est exemplu(m) tuae pinguidinis, quam de ligno fluisti in vitam eis qui sperant in te.

In omni vero benedictione dicatur:

Tibi gloria, patri et filio cum s(an)c(t)o sp(irit)u in sancta ecclesia et nunc et semper et in omnia saecula saeculoru(m). <Amen>.

---

1. "생명을 주는 나무": 잠언 3,18; 묵시 2,7 참조.

6. (치즈와 올리브의 봉헌에 대하여)

L

마찬가지로 만일 누가 치즈와 올리브를 바치면, (감독자는) 이렇게 기도할 것이다: "응고된 이 젖을 거룩하게 하시고, 또한 우리를 당신 사랑에 결합 시켜 주소서. 당신께 바라는 이들에게 생명을 (주시기) 위해 나무[1]에서부터 넘쳐흐르게 하셨던 당신의 풍요로움의 표본인 올리브 나무의 이 열매가 당 신의 감미로움에서 떠나지 말게 하소서."

모든 축복에서는 이렇게 기도할 것이다:[2]

"영광이 성부이신 당신과 성자께 성령과 더불어 성 교회 안에서 이제와 항 상 세세에 있어지이다. 아멘."

---

2. 모든 축복의 기도를 끝맺는 영광송의 모범을 제시하고 있다. 이 영광송은 제2장 끝에 나오는 영광송에 비해 더 간결하면서도 체계적이다.

7. De presbyteris

<table>
<tr><td>

L

Cum autem praesbyter ordina-
tur, inponat manum super caput
ejus episcopus, contingenti-
b(us) etiam praesbyteris, et di-
cat secundum ea q(uae) prae-
dicta sunt, sicut praediximus
super episcopum, orans et di-
cens:

D(eu)s et pater d(omi)ni nostri
Je(s)u Chr(ist)i, respice super
servum tuum istum et inpartire
sp(iritu)m gratiae et consilii
praesbyteris ut adjubet* et
gubernet plebem tuam in corde
mundo, sicuti respexisti super
populum electionis tuae et
praecepisti Moysi ut eligeret
praesbyteros quos replesti de
sp(irit)u tuo quod tu donasti
famulo tuo.

</td><td>

S(AE)

Cum autem episcopus presby-
terum ordinat (χειροτονεῖν), im-
ponet manum suam super caput
ejus, presbyteris omnibus tan-
gentibus eum, et oret super
eum secundum modum quem
praediximus super episcopum.

E

Deus meus, pater domini nostri
et salvatoris nostri Jesu Christi,
respice super hunc servum
tuum et impertire ei spiritum
gratiae et consilium praesby-
terii ut sustineat et gubernet
plebem tuam in corde mundo,
sicut respexisti super populum
electum et praecepisti Moysi ut
eligeret praebysteros quos
replevisti de spiritu quem
donasti famulo tuo et servo tuo
Moysi.

</td></tr>
</table>

---

1. "(손을) 댈 것이며"(contingentibus)는 "안수하다"(inponere manum)를 뜻한다. 사실 제8장에서 이를 분명히 말하고 있다: "장로의 (서품의) 경우에는 장로들도 안수하는데, 이는 성직자 직분에 공통되는 동일한 영 때문이다."

2. "감독자의 (서품에) 관해 규정한 바와 같이"가 무엇을 의미하냐가 분명하지 않다. 왜냐하면 이 기도문은 감독자의 서품 기도문(제2장)처럼 완전한 기도문이다. 반면 S(AE)에서는 "modum"(양식) 단어를 통해 의미를 명확히 하였다.

7. 장로들에 대하여

<table>
<tr><td align="center">L</td><td align="center">S(AE)</td></tr>
</table>

장로를 서품할 때, 감독자는 그의 머리 위에 안수하고 장로들도 (손을) 댈 것이며,[1] 우리가 이미 감독자의 (서품에) 관해 규정한 바와 같이 규정된 대로[2] (이렇게) 기도하면서 말할 것이다.

"우리 주 예수 그리스도의 아버지이신 하느님, 당신의 이 종을 굽어보시고, (그에게) 장로직을 위한 은총과 의견의 영을[3] 허락하시어, 그로 하여금 깨끗한 마음으로 당신 백성을 도와 주고 다스리게 하소서. 당신은 당신이 간택하신 백성을 굽어보셨고, 장로들을 뽑으라고 모세에게 명하셨으며, 당신 종 (모세에게) 주셨던 당신의 영으로 (그 장로들을) 충만케 하셨듯이,[4] (그에게도

감독자가 장로를 서품할 때, 그의 머리 위에 안수하고 모든 장로들도 그에게 (손을) 댈 것이며, 우리가 감독자의 (서품에) 관해 규정했던 양식에 따라 그를 위해 기도할 것이다.

E

"우리 주이시며 우리 구속자이신 예수 그리스도의 아버지, 저의 하느님, 당신의 이 종을 굽어보시고, 그에게 장로직을 위한 은총과 의견의 영을 허락하시어, 그로 하여금 깨끗한 마음으로 당신 백성을 붙들어 주고 다스리게 하소서. 당신은 간택된 백성을 굽어보셨고, 장로들을 뽑으라고 모세에게 명하셨으며, 당신 종 (모세에게) 주셨던 영으로 그 장로들을 충만케 하셨듯이 (그에게도 그

---

3. 장로직을 위해서 "은총과 의견의 영"(spiritum gratiae et consilii), 감독직을 위해서 "위대한 영"(principalis spiritus) 또는 "대사제의 영"(spiritus primatus sacerdotii)(제3장 주 13 참조), 봉사직을 위해서는 "은총과 열의와 열성의 영"(spiritus gratiae et sollicitudinis et industriae)이 주어지는데, 각기 받는 "영"은 각 직분에 맞는 성령의 특별한 은사를 말한다. 37-38쪽 참조.

4. 민수 11,17-25 참조.

Et nunc, d(omi)ne, praesta in-
deficienter conservari in nobis
sp(iritu)m gratiae tuae et
dignos effice ut credentes tibi
ministremus in simplicitate
cordis, laudantes te per puerum
tuu(m) Chr(istu)m Je(su)m per
quem tibi gloria et virtus, patri
et filio cum sp(irit)u s(an)c(t)o
in sancta ecclesia et nunc et in
saecula saeculorum. Amen.

Et nunc, domine, praesta huic
famulo tuo (illum) qui non
deficit, dum servas nobis, spiri-
tum gratiae tuae et tribue nobis,
implens nos, ministrare tibi in
corde in simplicitate, glorifi-
cantes et laudantes te per filium
tuum Jesum Christum, per
quem tibi gloria et virtus patri
et filio et spirit sancto in tua
sancta ecclesia in saecula sae-
culorum. Amen.

그렇게 하여 주소서).

주님, 이제 우리 안에 당신 은총의 영을 부족함 없이 채워 주시어, 우리로 하여금 오롯한 마음으로 믿고 당신을 섬기며, 당신의 아들 예수 그리스도를 통하여 당신을 섬기는 데 합당한 자들이 되게 하소서. 성자를 통하여 성령과 함께 당신께 〔성부와 성자께〕[5] 영광과 권세가 교회 안에서 지금과 세세에 있으소서. 아멘."

렇게 하여 주소서).

주님, 우리에게 부족함이 없이 주시는 당신 은총의 영을 당신의 이 종에게 베풀어 주시고 우리에게도 채워 주시어, 우리로 하여금 오롯한 마음으로 당신을 섬기며, 당신의 아들 예수 그리스도를 통하여 당신께 영광과 찬미를 드리게 하소서. 〔성자를 통하여 당신께〕 성부와 성자와 성령께 영광과 권세가 당신 교회 안에서 세세에 있으소서. 아멘."

---

5. 영광송의 복잡한 구조에 대해 47쪽을 보라.

8. De diaconis

<table>
<tr><td align="center">L</td><td align="center">S(AE)</td></tr>
</table>

L	S(AE)
Diaconus vero cum ordinatur, eligatur secundum ea quae praedicta sunt, similiter inponens manus episcopus solus sicuti praecipimus. In diacono ordinando solus episcopus inponat manus, propterea quia non in sacerdotio ordinatur, sed in ministerio episcopi, ut faciat ea quae ab ipso jubentur.	Episcopus autem instituet (καθίστασθαι) diaconum qui electus est, secundum quod praedictum est. Episcopus ponet manus suas super eum. Propter quid diximus quod solus episcopus ponet manus suas super eum? Haec est causa (αἰτία) rei: quia non ordinatur (χειροτονεῖν) in sacerdotium sed in ministerium (ὑπηρεσία) episcopi, ut faciat quae jubet ei. Neque instituitur (καθίστασθαι) ut sit consiliarius (σύμβουλος) totius cleri (κλῆρος) sed ut curas agat infirmorum et moneat episcopum de eis. Neque insti-
Non est enim particeps consilii in clero, sed curas agens et indicans episcopo quae oportet, non accipiens communem	

---

1. "앞에서 언급한 바에 따라 선출할 것이며"는 봉사자의 선출을 위한 자격 문제를 말하고, "우리가 규정한 바와 같이 감독자 홀로 안수할 것이다"는 서품의 예절 문제를 말한다. 서품 예절은 감독자(2-3장)와 장로(7장)의 경우에서 비교적 자세히 언급되어 있는 반면, 선출을 위한 자격 문제는 감독자나 장로의 경우에서도 명확하게 언급되어 있지 않다. 따라서 "앞에서 언급한 바에 따라"는 문맥상 맞지 않는다. 한편 1디모 3,8-13에 봉사자의 자격에 대해 자세히 언급되어 있는데, 이것을 염두에 두고 있을 수도 있다.

8. 봉사자들에 대하여

<table>
<tr><td align="center">L</td><td align="center">S(AE)</td></tr>
</table>

봉사자를 서품할 때에는, 앞에서 언급한 바에 따라 선출할 것이며, 또한 우리가 규정한 바와 같이 감독자 홀로 안수할 것이다.[1] 봉사자를 서품할 때에 감독자 홀로 안수하는 것은, 그가 사제직에 서품되는 것이 아니라 감독자로부터 명령받은 것을 이행하며 감독자에게 봉사하기 위해 서품되기[2] 때문이다.

사실 그는 성직자단의 모임에 참석하지 못하고, 다만 관리하고 필요한 것을 감독자에게 알려 주어야 한다. 그는 장로들이 지니고 있는 장로로

감독자는 앞에서 언급한 바에 따라 선출된 사람을 봉사자로 세울 것이다. 감독자는 그 사람 위에 안수할 것이다. 감독자 홀로 그 사람 위에 안수하라고 말하는 것은 무슨 이유 때문인가? 그 이유는 이러하다: 그는 사제직을 위해 서품되는 것이 아니라 감독자가 그에게 명령하는 것을 이행하고 감독자에게 봉사하기 위해 서품되기 때문이다.

그는 전체 성직자단의 일원이 되는 것이 아니라, 다만 병자들을 돌보며, 감독자에게 그들에 대해 보고해야 한다. 그는 장로들이 지니고 있

---

2. "non in sacerdotio ordinatur, sed in ministerio episcopi": 여기서 "episcopi"(감독자)가 주어적 2격이냐 아니면 객어적 2격이냐 하는 문제가 제기된다. 그런데 이어서 나오는 "ut faciat ea quae ab ipso jubentur"(그로부터 명령받은 것을 이행하도록)와 연결시켜 볼 때, "episcopi"는 객어적 2격, 즉 봉사자가 감독자에게 봉사한다로 보아야 한다. 제2차 바티칸 공의회 문헌, 「교의헌장」(*Lumen Gentium*) 29항은 이 구절을 인용하면서("non ad sacerdotium sed ad ministerium": 사제직을 수행하기 위해서가 아니라 봉사하기 위하여), "episcopi"를 삭제하였다.

praesbyteri<i> sp(iritu)m eum cujus participes praesbyteri sunt, sed id quod sub potestate episcopi est creditum. Qua de re episcopus solus diaconum faciat; super praesbyterum autem etiam praesbyteri super-inponant manus propter communem et similem cleri sp(iritu)m. Praesbyter enim hujus solius habet potestatem ut accipiat, dare autem non habet potestatem. Quapropter clerum non ordinat; super praesbyteri vero ordinatione consignat episcopo ordinante.

tuitur (καθίστασθαι) ut accipiat spiritum (πνεῦμα) magnitudinis cujus presbyteri participantur (μετέχειν) sed ut sit dignus (ἄξιος) ut episcopus credat (πιστεύειν) ei quae oportet. Proptera episcopus solus est qui ordinat (χειροτονεῖν) diaconum. Quoad presbyterum autem, quia episcopus <et omnes presbyteri> participantur (μετέχειν) ejus, imponant manum super eum, quia spiritus unus est qui descendit super eum. Presbyter enim accipit solum; non est ei potestas (ἐξουσία) dare clerum (κλῆρος). Quapropter non potest instituere (καθίστασθαι) clericos (κληρικός). Signat (σφραγίζειν) autem presbyterum tantum cum episcopus ordinat (χειροτονεῖν).

Super diaconum autem ita dicat:

E

Oratio ordinationis diaconi.

---

3. "id quod": B. Botte는, 앞에 나오는 "spiritum"(영)과 연결시켜 "id quod"을 "eum qui"로 보아야 한다고 주장한다. 즉, 희랍어 "πνεῦμα"(영)는 중성이고 라틴어 "spiritus"는 남성인데, L의 번역자는 주의 없이 그냥 중성으로 번역하였다는 것이다. 봉사자도 안수를 통해 감독자나 장로처럼 "영"(spiritus)을 받는데, 여기서 말하는 "영"은, 같은 성령께서 주시는 각기 다른 "능력" 또는 "직분"의 뜻을 가지고 있다. 따라서 이 구절을 이렇게 해설할 수 있다: 봉사자는 감독자의 권한하에 자기에게 맡겨진 직분을 잘 수행할 수 있는 능력을 받는다. 이러한 해설은 S (AE)의 내용과 상통한다.

서의 공동 영(靈)을 받지 못하고 다만 감독자의 권한 하에서 맡겨진 것만[3] 받는다. 이때문에 감독자 홀로 봉사자를 서품하는 것이다. 그러나 장로의 (서품의) 경우에는 장로들도 안수하는데, 이는 성직자 직분에 공통되는 동일한 영 때문이다. 사실 장로는 (그 영을) 받을 권한만 갖고 있지 줄 수 있는 권한은 없다. 따라서 그는 성직자를 서품하지 못하며, 장로의 서품에 있어서 감독자가 서품을 하는 동안 그는 (안수) 동작만 한다.[5]

는 위대함의 영(靈)[4]을 받기 위해 세워진 것이 아니라, 감독자가 필요한 것을 그에게 맡기는 데 합당한 자가 되도록 세워진 것이다. 그러므로 감독자 홀로 봉사자를 서품하는 것이다. 그러나 장로의 경우에는 감독자와 참석한 모든 장로들이 그에게 안수하는데, 그에게 내려오는 영은 하나이기 때문이다. 사실 장로는 (그 영을) 받기만 하지, 성직자에게 줄 수 있는 권한이 없다. 그러므로 그는 성직자를 세울 수 없다. 감독자가 장로를 서품하는 동안 그는 (안수) 동작만 한다.

<h2 style="text-align:center">E</h2>

(감독자는) 봉사자 위에 이렇게 기도할 것이다:

봉사자를 서품하는 기도는 이러하다:

---

4. "위대함의 영"(spiritum magnitudinis): 제7장(주 3 참조)에서는 장로에게 "은총과 의견의 영"(spiritum gratiae et consilii)이 주어지는데, 여기서는 "위대함의 영"으로 되어 있다.

5. "consignat"를 합성동사 "συσφραγίζειν"의 번역으로 볼 필요는 없다. 일반적으로 "signare"는 "십자 기호를 긋다"의 뜻으로 사용되지만(제21장 참조), 여기서는 장로들의 서품에 대해 말하는 제7장에서 볼 수 있듯이, 안수 동작을 나타내는 것으로 이해해야 한다.

D(eu)s qui omnia creasti et ver-
bo perordinasti, pater d(omi)ni
nostri Je(s)u Chr(ist)i, quem
misisti ministrare tuam volun-
tatem est manifestare nobis
tuum desiderium, da sp(iritu)m
s(an)c(tu)m gratiae et sollici-
tudinis et industriae in hunc
servum tuum, quem elegisti
ministrare ecclesiae tuae et
offerre...

Deus, qui omnia creasti et ver-
bo tuo ornasti, pater domini
nostri Jesu Christi, quem mi-
sisti ministrare in tua voluntate
et manifestare nobis consilium
tuum, da spiritum gratiae tuae
et sollicitudinis in hunc servum
tuum, quem elegisti ut dia-
conus sit in tua ecclesia et
offerat

T

in sanctitate ad sanctuarium
tuum quae offeruntur ab herede
summi sacerdotii, ut, sine
reprehensione et pure et munde
et in mente pura ministrans,
dignus sit gradu hoc magno et
excelso per voluntatem tuam.

in sancto sanctorum tuo quod
tibi offertur a constituto prin-
cipe sacerdotum tuo ad gloriam
nominis tui, ut sine repre-
hensione et puro more minis-
trans, gradum majoris ordinis
assequatur, et laudet te et glori-
ficet te per filium tuum Jesum
Christum dominum nostrum,
per quem tibi gloria et potentia
et laus, cum spiritu sancto,
nunc et semper et in saecula
saeculorum. Amen.

---

6. L의 "perordinasti"와 E의 "ornasti" 두 번역의 희랍어 원문은 "κοσμέω"(꾸민다)이
    거나 "διακοσμέω"(정돈하다, 배치하다)일 것이다. 문맥상 L의 번역(perordinare =
    διακοσμέω)이 더 타당한 것으로 보인다.

7. L에서는 "은총과 열의와 열성의 성령"(spiritum sanctum gratiae et sollicitudinis et
    industriae)으로 되어 있고, E에서는 "은총과 열의의 영"(spiritum gratiae tuae et
    sollicitudinis)으로 되어 있다. 여기서 "성령" 또는 "영"은 봉사직을 위해 성령께
    서 주시는 은사를 말한다.

"말씀을 통해 만물을 창조하시고 섭리하시는[6] 하느님, 우리 주 예수 그리스도의 아버지시여, 당신 뜻을 따라 봉사하며, 당신 원의를 우리에게 보여 주기 위하여 성자를 보내 주셨으니, 친히 뽑으신 당신의 이 종에게 은총과 열의와 열성의 성령을[7] 보내 주시어 그로 하여금 당신 교회에 봉사하며 …[8]

T

대사제의 후예에 의해 바쳐질 것을 당신 성소로 경건하게 가져오게 하소서. 그가 순결하고 깨끗하여 책잡힐 것 없고, 순수한 정신으로 봉사하면서, 당신 뜻에 따라 이 훌륭하고 높은 지위에 합당한 자 되게 하소서."

"당신 말씀을 통하여 만물을 창조하시고 꾸미시는 하느님, 우리 주 예수 그리스도의 아버지시여, 당신 뜻 안에서 봉사하며, 당신의 생각을 우리에게 보여 주기 위하여 성자를 보내 주셨으니, 친히 뽑으신 당신의 이 종에게 당신 은총과 열의의 영을 보내 주시어, 당신 교회 안에 봉사자로 있으며,[9]

대사제로[10] 세워진 이가 당신 이름의 영광을 위하여 당신께 바치게 될 것을 당신의 지성소 안으로 가져오게 하소서. 그가 책잡힐 데 없고 순결한 생활로 봉사하면서 이 훌륭한 지위에 오르고,[11] 당신의 아들 예수 그리스도를 통하여 당신께 찬미와 영광을 드리게 하소서. 성자를 통하여 성령과 함께 당신께 영광과 권세와 찬미가 이제와 항상 세세에 있으소서. 아멘."

---

8. L 사본이 여기서부터 지워져 있는데, T와 E를 통해 내용을 연결시켜 볼 수 있다.

9. E의 "ut diaconus sit"는 "διακόνειν"(봉사하다) 동사의 번역으로 보인다.

10. "대사제"(principe sacerdotum)는 감독자를 뜻하며, 봉사자의 중요한 임무 중의 하나는, 성찬 전례를 위해 예물을 감독자에게 갖다 주는 것이다(제4장과 21장 참조).

11. 1디모 3,13 참조.

9. De confessoribus

S(AE)

Confessor (ὁμολογητής) autem, si fuit in vinculis propter nomen domini, non imponetur manus super eum ad diaconatum (διακονία) vel presbyteratum (-πρεσβύτερος). Habet enim honorem (τιμή) presbyteratus (-πρεσβύτερος) per suam confessionem (ὁμολογία). Si autem instituitur (καθίστασθαι) episcopus, imponetur ei manus.

Si autem confessor (ὁμολογητής) est qui non est ductus coram potestate (ἐξουσία) neque castigatus est (κολάζειν) in catenis, neque inclusus est in carcere, neque damnatus est (κατακρίνειν) alia poena (καταδίκη), sed per occasionem despectus est tantum propter nomen domini nostri et castigatus est (κολάζειν) castigatione (κόλασις) domestica, si autem confessus est (ὁμολογεῖν), quocumque officio (κλῆρος) sit dignus, imponatur manus super eum.

Episcopus autem gratias agat (εὐχαριστεῖν) secundum quod praediximus. Nullo modo (οὐ πάντως) necessarium est (ἀναγκή) ut proferat eadem verba quae praediximus, quasi (ὡς) studens (μελετᾶν) ex memoria (ἀπόστηθος), gratias agens (εὐχαριστεῖν) deo; sed secundum suam potestatem unusquisque oret. Si quidem aliquis habet potestatem orandi cum sufficientia (-ἱκανός) et oratione (προσευχή) solemni, bonum est (ἀγαθόν). Si autem aliquis, dum orat, profert orationem (προσευχή) in mensura, ne impediatis (κωλύειν) eum. Tantum (μόνον) oret quod sanum est in orthodoxia (-ὀρθόδοξος).

---

1. 증거자들과 장로직과의 관계, 교회 안에서의 증거자들의 위치에 대해서는 42-5 쪽을 보라. 제9장에 해당되는 T와 K의 내용이 S(AE)와 대체로 일치하지만 본문을 대조할 수 있을 정도는 되지 못한다. C와 Ep의 경우에서는 의미까지도 상당히 변형되어 있다.

9. 증거자들에 대하여[1]

S(AE)

만일 (어떤) 증거자가[2] 주님의 이름 때문에 감옥에 갇혀 있었다면, 봉사자 직이나 장로직을 (주기) 위한 안수를 그에게 하지 말 것이다. 왜냐하면 그는 자신의 (신앙)고백을 통하여 이미 장로직의 영예를[3] 갖고 있기 때문이다. 그러나 만일 그를 감독자로 세우려 하면, 그에게 안수할 것이다.

만일 증거자가 당국에 끌려가지 않았거나, 체포되어 고문받지 않았거나, 또는 감옥에 구금되지 않고 다른 형벌로도 처벌받지 않고 다만 어떤 기회에 우리 주님의 이름 때문에 조롱을 받고 가택연금의 형을 받고서도 (자신의 신앙을) 증거했다면, 그에게 합당한 어떤 직책을[4] 주기 위해 안수할 것이다. 감독자는, 앞에서 규정한 바대로, 감사의 (기도를) 바칠 것이다. 앞에서 규정한 기도와 똑같은 기도를 바칠 필요는 없으며, 하느님께 감사의 (기도를) 암기하여 바치도록 힘써야 하겠지만, 각자는 자기 능력에 따라 기도할 것이다.[5] 만일 누가 충분히 (길게) 그리고 성대하게 기도를 바칠 능력이 있으면 좋은 일이다. 만일 누가 기도를 바칠 때 정도에 맞게 기도한다면, 그를 저지하지 말고 그가 정통교리에 맞는 건전한 기도를 바치도록 할 것이다.

---

2. 주님의 이름, 즉 신앙 때문에 죽은 사람들을 순교자(martyr)라 부르며, 목숨을 잃지 않은 사람들을 증거자(confessor)라 부른다. 여기서는 증거의 정도, 즉 박해의 종류와 성격에 따라 증거자들을 구별한다.

3. "장로직의 영예"(honorem presbyteratus): 여기서 "영예"란, 증거자가 장로직을 실제로 수행할 권한을 받은 것인지 아니면 단지 장로에 상응한 대우를 해주는 것인지 논란의 여지가 있다. 이 문제에 대해서는 37-8쪽을 보라.

4. "officio"(직책): 이 단어 뒤에 희랍어 "κλῆρος"로 설명되어 있는데, 서품에 의한 성직 계열을 뜻한다.

5. 기도문의 정식(定式)들이 변경할 수 없는 고정된 것이 아니라 기도하는 사람의 능력에 따라, "정통교리(orthodoxia)에 맞는" 조건하에서, 변경이 가능하다고 한다. 이 규정은, 기도문들이 교회 안에서 아직 정착되지 않고 시도 단계에 있다는 것을 암시한다.

10. De viduis

S(AE)

Vidua (χήρα) autem cum instituitur (καθίστασθαι) non ordinatur (χειροτονεῖν) sed eligitur ex nomine. Si autem vir ejus mortuus est a tempore magno, instituatur (καθίστασθαι). Si autem non post multum tempus mortuus est vir ejus, non confidatur (πιστεύειν) ei. Sed si senuit, probetur (δοκιμάζειν) per tempus (χρόνος). Saepe (πολλάκις) enim passiones (πάθος) senescunt cum eo qui ponit locum eis in seipso. Instituatur (καθίστασθαι) vidua (χήρα) per verbum tantum et se jungat cum reliquo. Non autem imponetur manus super eam, quia non offert oblationem (προσφορά) neque habet liturgiam (λειτουργία). Ordinatio (χειροτονία) autem fit cum clero (κλῆρος) propter liturgiam (λειτουργία). Vidua (χήρα) autem instituitur (καθίστασθαι) propter orationem: haec autem est omnium.

---

1. "ex nomine": 직역하면 "이름으로"이나, 이에 대한 설명이 조금 뒤에 나온다: "과부로 세울 때 구두로(per verbum)만 선언하고 과부들의 명단에 올릴 것이다". 즉, 과부는 안수에 의한 서품으로 되는 것이 아니라 공식적인 선언으로 세워진다.

2. 과부로 세우는 두 가지 기준, 즉 과부가 된 기간과 과부의 나이에 대해 말하고 있다. 사도 바울로는 1디모 5,3-16에서, 과부의 남편이 죽은 후의 기간에 대해 언급하지 않고, 과부 명단에 올릴 수 있는 나이를 60세 이상으로 제한한다.

10. 과부들에 대하여

S(AE)

과부로 세우려 할 때에는 서품하지 말고 명칭으로[1] 지정할 것이다. 그녀의 남편이 이미 오래 전에 죽었으면 그렇게 할 것이다. 만일 그녀의 남편이 죽은 지가 오래 되지 않았으면, 그녀를 신뢰하지 말 것이다. 그러나 그녀가 연로하다면 (일정한) 기간 동안 시험해 볼 것이니, 왜냐하면 정욕들도, 그녀 자신 안에서 그것들을 일으키게 하는 그 사람과 함께 노쇠되어 가기 때문이다.[2] 과부로 세울 때 구두로만 선언하고 과부들의 명단에 올릴 것이다. 과부에게 안수하지 않는데, 왜냐하면 이것은 봉헌을 바치는 것이 아니고, 또한 전례적인 임무를 받는 것도 아니기 때문이다. 서품은[3] 전례를 집행하기 위한 성직자에게 해당되는 것이다. 그러나 과부는 기도를 위하여 세워지는데,[4] 기도는 모든 신자들의 의무인 것이다.

---

3. 여기서 "χειροτονία"는, 손을 들어 선출하는 것이라는 로마인들의 고전적인 뜻을 넘어 안수에 의한 서품을 의미한다. 안수는 전례적인 임무를 맡은 감독자, 장로, 봉사자에게만 국한된다. 서방교회는 이 원칙을 고수한 반면, 동방교회에서는 이미 「사도 규정」(Constitutiones apostolicae)에서 보듯이, 소품(봉사자품 이하의 직무)들에도 안수를 하고 있다.

4. 과부들의 주된 임무로 기도를 제시하고 있다. 기도는 모든 그리스도 신자들이 마땅히 바쳐야 하는 것이지만, 여기서 과부들에게 기도를 강조한 것은 그들의 영성적, 수덕적인 면을 부각시키고 있음을 엿볼 수 있다. 한편, 1디모 5,3-16에서 사도 바울로는 과부들의 임무를 다양하게 제시하고 있다: 밤이고 낮이고 끊임없이 간구하고 기도하는 일 외에도 자녀를 잘 기르고 나그네를 후대하고 성도들의 발을 씻어 주고 어려움을 당한 사람들을 도와 주고 온갖 선행에 몸을 바쳐야 한다.

11. De lectore

Ep   **S(AE)**

Ep	S(AE)
Ἀναγνώστης καθίσταται ἐπιδόντος αὐτῷ βιβλίον τοῦ ἐπισκόπου· οὐδὲ γαρ χειροθετεῖται.	Lector (ἀναγνώστης) instituetur (καθίστασθαι) cum episcopus dabit ei librum, non autem imponetur manus super eum.

12. De virgine

S(AE)

Non imponetur manus super virginem (παρθένος), sed propositum (προαίρεσις) tantum facit eam virginem (παρθένος).

13. De subdiacono

S(AE)

Non imponetur manus super subdiaconum, sed nominabitur (ὀνομάζειν) ut sequatur diaconum.

---

1. 직역하면, "결심이 그녀를 동정녀로 만든다"이다.

11. 독서자들에 대하여

Ep

독서자는, 감독자가 그에게 책을 넘겨 줌으로써 세워진다. 왜냐하면 (그에게는) 안수를 하지 않기 때문이다.

S(AE)

독서자는, 감독자가 그에게 책을 넘겨 줄 때에 세워지며, 그에게는 안수를 하지 않는다.

12. 동정녀들에 대하여

S(AE)

동정녀에게 안수하지 않으며, 동정녀가 되겠다는 (본인의) 결심만 있으면 된다.[1]

13. 부(副)봉사자들에 대하여[2]

S(AE)

부(副)봉사자에게는 안수하지 말 것이며, 다만 봉사자를 따르는 사람으로[3] (그를) 지명할 것이다.

---

2. T와 C(Ep)에는, 부봉사자가 독서자보다 앞에 배치되어 있는 반면, S, A, E, K에는 뒤에 배치되어 있다.

3. 직역하면, "봉사자를 따르기 위해"인데, 여기서 "따르다"(sequatur)는 봉사자를 도와 준다는 뜻이다.

14. De gratiis curationum

S(AE)

Si quis autem dicit: accepi gratiam curationis in revelatione (ἀπο-
κάλυψις), non imponetur manus super eum. Ipsa enim res mani-
festabit an dixerit veritatem.

---

1. 우리는 여기서 다음의 두 가지 원칙을 엿볼 수 있다. 첫째, 치유의 은사는 전례
   적 봉사와 연관된 것이 아니기 때문에 치유자에게 안수를 하지 않는다. 둘째, 치
   유의 은사는 개인적인 은사이므로, 그 진실성의 여부, 즉 하느님으로부터 온 은사

14. 치유의 은사들에 대하여

S(AE)

만일 누가, "나는 묵시(默示) 중에 치유의 은사를 받았다"고 말하면, 그에게 안수하지 말 것이다. 그가 진실을 말하는지의 여부는 사실들 자체가 밝혀 줄 것이기 때문이다.[1]

인지 아니면 악마의 장난인지를 공적으로 판별하기가 극히 어렵고, 따라서 그에 의해 이루어진 치유의 기적들에 의해 진실성의 여부가 증명될 수밖에 없다는 것이다.

15. De novis qui accedunt ad fidem

S(AE)

Qui autem adducuntur noviter ad audiendum verbum, adducantur primum coram doctores priusquam omnis populus intret, et interrogentur de causa (αἰτία) propter quam accedunt ad fidem. Et dent testimonium super eos illi qui adduxerunt eos an sit eis virtus ad audiendum verbum. Interrogentur autem de vita (βίος) eorum qualis sit: an sit ei mulier vel an sit servus. Et si quis est servus alicujus fidelis, et dominus ejus ei permittit (ἐπιτρέπειν), audiat verbum. Si dominus non dat testimonium de eo quia bonus est, reiciatur.

Si paganus (ἐθνικός) est dominus ejus, doce eum placere domino suo, ne blasphemia (βλασφημία) fiat. Si autem aliquis habet mulierem, vel mulier virum, doceantur contenti esse vir muliere et mulier viro. Si quis autem non vivit cum muliere, doceatur non fornicari (πορνεύειν), sed sumere mulierem secundum legem (κατὰ νόμον), vel manere sicut est. Si quis autem daemonium habet, ne audiat verbum doctrinae donec purus sit.

---

1. 공동체 안의 조직에 대한 제1부가 끝나고, 여기서부터 제21장까지의 제2부에서는 예비자가 교회 공동체 안에 들어오게 되는 과정, 즉 신자가 되는 입교 과정이 규정되어 있다.

2. 여기서 "회중"(omnis populus)은 하느님의 백성, 즉 세례를 받은 신도들을 뜻한다. 초대교회의 관습에 따라 예비신자들은 말씀의 전례에만 참석하고 성찬 전례에는 퇴장해야 했다. 회중이 들어오기 전에 예비신자 등록을 위한 심사를 하는 것은, 이 등록 심사에서 실격된 사람은 말씀의 전례에도 참석시키지 않는다는 점을 암시한다.

15. 예비자들에 대하여[1]

S(AE)

말씀을 듣기 위해 처음으로 찾아온 사람들은, 회중이 들어오기 전에[2] 먼저 교사들 앞에 인도되어 믿으러 오게 된 동기에 대해 질문을 받게 된다. 그들을 인도한 이들은 그들이 말씀을 알아들을 수 있는 능력이[3] 있는지에 대해 증언할 것이다. 그리고 그들의 생활 상태, 즉 아내가 있는지, 노예인지의 여부를 물어볼 것이다. 만일 어떤 신자의 노예이고, 그의 주인이 그에게 허락하였다면, 말씀을 듣게 할 것이다. 만일 그가 선한 사람이 아니라고 주인이 증언하면 그를 돌려보낼 것이다.

만일 그의 주인이 이교도이면, 자기 주인을 기쁘게 해주도록[4] 가르쳐 주어, 모독이 되는 일이 없도록 할 것이다. 만일 남자가 아내를 갖고 있거나, 여자가 남편을 갖고 있으면, 남편은 아내에게, 아내는 남편에게 만족하도록 가르칠 것이다.[5] 만일 아내와 함께 살지 않는 사람이라면, 간음하지 말고 법대로 아내를 맞이하든지 아니면 지금대로 (독신으로) 머물러 있도록 가르칠 것이다.[6] 만일 누가 악령에 접해 있으면, 깨끗하게 될 때까지 가르침의 말씀을 듣지 못하게 할 것이다.

---

3. "말씀을 알아들을 수 있는 능력"(virtus ad audiendum verbum)은 지망자의 지적 능력을 말한다기보다는 신앙인이 될 수 있는 포괄적인 자격을 뜻하는 것으로 보아야 할 것이다. 세부적인 자격 심사는 이어서 나오는 여러 조건들에 규정되어 있다.

4. 에페 6,5-8 참조.

5. 결혼과 부부 관계에 대하여: 1고린 7,2-5.10-14 참조. 사도 바울로는 에페 5,22-23에서 이상적인 부부 관계를 교회와 그리스도와의 관계에 비유한다.

6. "아내와 함께 살지 않는 사람"은 기혼자로서 별거 중에 있는 남자를 말하는 것이 아니라 결혼하지 않은 미혼 남성을 뜻한다. 따라서 "지금대로 머물러 있어라"(manere sicut est)는 독신으로 살라는 뜻이다: 1고린 7,26 참조.

16. De operibus et occupationibus (ἐπιστήμη)

S(AE)

Inquiretur autem de operibus et occupationibus eorum qui adducuntur ut instruantur (κατηχεῖσθαι), in quo sint. Si quis est πορνοβοσκός vel qui nutrit meretrices (πόρνη), vel cesset vel reiciatur. Si quis est sculptor vel pictor (ζώγραφος), doceantur ne faciant idola (εἴδωλόν): vel cessent vel reiciantur. Si quis est scenicus (θεατρικός) vel qui facit demonstrationem (ὑπόδειξις) in theatro (θέατρον), vel cesset vel reiciatur. Qui docet pueros, bonum est ut cesset; si non habet artem (τέχνη), permittatur ei.

Auriga (ἡνίοχος) similiter (ὁμοίως) qui certat (ἀγωνίζεσθαι) et vadit ad agonem (ἀγών), vel cesset vel reiciatur. Qui est gladiator (μονο-μάχος) vel docet eos qui sunt inter gladiatores (μονομάχος) pugnare, vel venator (κυνηγός) qui est in venatione (κυνηγίον), vel publicus (δημόσιος) qui est in re gladiatoria (μονομάχιον), vel cesset vel reiciatur. Qui est sacerdos idolorum (-εἴδωλον), vel custos idolorum (-εἴδωλον) cesset vel reiciatur.

---

1. "vel qui nutrit meretrices": 직역하면, "창녀들을 부양하는 사람"이며, 앞의 "πορνοβοσκός"(포주)를 설명하는 말이다.

2. 당시의 조각가와 화가는 일반적으로 우상을 만들거나 그리는 일 등 이교(異敎)와 연관되어 있었다.

3. 교사직의 금지는, 그들이 이교적 저서들을 기초하여 가르쳐야 한다는 당시의 여건에서 온다. E에서는 "이 세속의 일"(rem hujus saeculi), T에서는 "세속적인 학문"(in scientia mundana)이 첨가되어 있는데, 이것은 교회의 학교가 설립된 후대에 이 금지 사항이 제한적으로 적용되었음을 엿볼 수 있다.

16. 일들과 직업들에 대하여

S(AE)

가르침을 받기 위해 인도된 사람들이 하는 일과 직업이 무엇인지 물어볼 것이다. 만일 창녀들을 조종하는[1] 포주이면, (이를) 그만둘 것이며 (그렇게 하지 않으면) 돌려보낼 것이다. 만일 조각가나 화가이면,[2] 우상들을 만들지 말도록 가르칠 것이다: 그는 (이를) 그만둘 것이며 (그렇게 하지 않으면) 돌려보낼 것이다. 만일 배우이거나 극장에서 연출을 맡고 있는 사람이면, (이를) 그만둘 것이며 (그렇게 하지 않으면) 돌려보낼 것이다. 어린이들을 가르치는 사람이면,[3] (이를) 그만두도록 하는 것이 좋다; 만일 그가 (아무런) 기술을 갖고 있지 않으면, 그에게 (이를) 허락할 것이다.

마찬가지로 경기에 출전하거나 참여하는[4] 기사(騎士)는 (이를) 그만둘 것이며 (그렇게 하지 않으면) 돌려보낼 것이다. 검투사(檢鬪士)나 그들에게 싸우는 방법을 가르치는 사람, (경기장에서 맹수를) 사냥하는 투사나[5] 칼싸움 경기에 종사하는 직원은, (이를) 그만둘 것이며 (그렇게 하지 않으면) 돌려보낼 것이다. 우상숭배의 제관들이나 우상들을 경비하는 사람은, (이를) 그만둘 것이며 (그렇게 하지 않으면) 돌려보낼 것이다.

---

4. "vadit"(가다): 여기서는 직업에 관해 언급하고 있으므로, 경기장에 구경하러 가는 관객을 뜻하는 것이 아니다. 사실 "vadit"는 "certat"(싸우다)와 함께 "auriga"(기사)를 수식해 주고 있기 때문에 경기에 "참여한다"로 보아야 할 것이다. 로마 시대의 공공경기장에서 벌어진 각종 경기의 잔인성과 비도덕성에 대해 떼르뚤리아누스는 그의 저서 「경기 관람」(*De spectaculis*)에서, 치쁘리아누스는 그의 저서 「도나뚜스에게」(*Ad Donatum*) 7장에서 신랄하게 비난하고 있다.

5. "venator qui est in venatione": 직역하면, "사냥중에 있는 사냥꾼"이지만, 문맥으로 보아 원형경기장에서 맹수들과 싸움하는 투사를 뜻한다.

Miles qui est in potestate (ἐξουσία) non occidet hominem. Si jubetur, non exequetur rem, neque faciet juramentum. Si autem non vult, reiciatur. Qui habet potestatem (ἐξουσία) gladii, vel magistratus (ἄρχων) civitatis (πόλις) qui induitur purpura, vel cesset vel reiciatur. Catechumenus vel fidelis qui volunt fieri milites reiciantur, quia contempserunt (καταφρονεῖν) deum.

Meretrix vel homo luxuriosus vel qui se abscidit, et si quis alius facit rem quam non decet dicere, reiciantur; impuri enim sunt.

Neque adducatur magus (μάγος) in judicium (κρίσις). Incantator vel astrologus (ἀστρολόγος) vel divinator vel interpres somniorum, vel qui turbat populum, vel ψελλιστής qui abscindit oram vestium, vel qui facit phylacteria (φυλακτήριον), vel cessent vel reiciantur.

Concubina (παλλακή) alicujus, si est ejus serva et nutrivit pueros suos et adhaesit illi soli, audiat; secus reiciatur. Homo qui habet concubinam (παλλακή) cesset et sumat uxorem secundum legem (κατά, νόμος); si autem non vult, reiciatur.

Si omisimus aliam rem, occupationes ipsae docebunt vos. Omnes enim habemus spiritum dei.

---

6. "권력 하에 있는 군인"이란 계급이 낮은 하위급 군인을 뜻한다.

7. 로마 박해시대에 군인들은 황제의 신상(神象) 앞에서 선서해야 했는데, 그리스도 신자 군인들은 이를 우상숭배로 여겨 거부함으로써 많이 순교하였다: 떼르뚤리아누스의 저서 「월계관」(De corona) 참조. 이 대목이 S에만 나오고 A와 E에는 삭제되어 있는 이유는, 제국이 그리스도교화된 이후부터는 그런 문제가 없었기 때문이다.

8. "칼의 권세를 갖고 있는 사람"은 앞의 "권력 하에 있는 군인"과 대칭되는 고위급 군인을 말한다. 여기서 "칼"은 사람의 생사를 좌우할 수 있는 권한을 뜻한다.

9. 그리스도 신자와 군복무에 관하여: J. Daniélou, La non violence dans l'Ecriture et la Tradition, Paris 1955.

10. S의 "qui se abscidit"는 자기 신체의 일부를 절단한다는 뜻인데, C에 나오는 "κίναιδος"(음탕한 자)와 연관이 있다. 이 표현은, 라틴어 번역에서 암시하듯이 일반적으로 "εὐνοῦχος"(내시)에 상응한다. 이런 사람은 보통 남색가의 상대가 되었다.

권력 하에 있는 군인은[6] 사람을 죽이지 말 것이다. 만일 (그런) 명령을 받으면, 이를 이행하지 말 것이며, 선서도[7] 하지 말 것이다. 만일 그가 (이런 조건을) 거부하면 돌려보낼 것이다. 만일 칼의 권세를 갖고 있는 사람[8]이나 자주빛 옷을 입을 정도의 지역 통치자이면, 이를 그만둘 것이며 (그렇게 하지 않으면) 돌려보낼 것이다. 군인이 되기를 원하는 예비자나 신자는 내쫓을 것이니, 이는 하느님을 경멸하는 일이기 때문이다.[9]

매춘부나 호색가나 자해(自害)하는 사람[10] 그리고 언급하기조차 부끄러운 일을 하는 사람은 돌려보낼 것이니, 그들은 불결한 자들이기 때문이다.

마법사는 (예비자) 심사에 받아들이지 말 것이다. 마술사나 점성가나 점장이나 해몽가나 협잡꾼[11]이나 (화폐) 위조꾼[12]이나 부적을 만드는 자들은 (이를) 그만둘 것이며, (그렇게 하지 않으면) 돌려보낼 것이다.

어떤 이의 정부(情婦)로서, 만일 그의 여종이며 이미 자기 자녀들을 양육하고 있고, 그 사람하고만 관계를 맺고 있다면, (말씀을) 듣게 할 것이다. 그렇게 하지 않으면 돌려보낼 것이다. 정부를 갖고 있는 남자는 이런 (생활을) 청산하고 법에 따라 아내를 맞이할 것이다. 만일 (이를) 거부하면 돌려보낼 것이다.

그밖에 만일 빠뜨린 다른 것이 있다면, 직업 자체가 여러분을 가르쳐 줄 것이다. 왜냐하면 우리 모두는 하느님의 영을 지니고 있기 때문이다.

---

11. "qui turbat populum"을 직역하면, "백성을 혼란케 하는 자"이며, C의 "ὀχλαγωγός" 용어가 이에 상응한다. 문맥상 이것은 정치적인 선동가를 말하는 것이 아니라, 민중을 현혹시켜 개인적인 이익을 꾀하는 협잡꾼 또는 사기꾼을 뜻한다.

12. "ψελλιστής qui abscindit oram vestium": 직역하면, "옷자락을 자르는 말더듬이"인데, "말더듬이"에 대한 해설이 비합리적이다. S^2는 "ψελιστής" 단어 대신 "ψαλιστής"(희랍어에는 이런 단어가 없음)를 사용한다. B. Botte(ψελλιστής – ψαλιστής), *Revue des etudes byzantines* 16 (1958), 162-165)는 "ψαλιστής"(위조자)가 "ψελιστής"로 잘못 표기되었을 것이라고 추정하면서, 쁘로꼬삐우스의 문헌에서 화폐를 조작하는 행위로서 "ψαλίδιον"에 대해 언급하는 것을 그 예로 들고 있다.

17. De tempore (χρόνος) audiendi verbum post opera et occupationes (ἐπιστήμη)

S(AE)

Catechumeni per tres annos audiant verbum. Si quis autem sollicitus (σπουδαῖος) est et instat (προσκαρτερεῖν) rei bene (καλῶς), non judicabitur (κρίνειν) tempus (χρόνος), sed conversatio (τρόπος) sola est quae judicabitur (κρίνειν) tantum.

18. De oratione eourm qui audiunt verbum

Quando (ὅταν) doctor cessavit instructionem dare (κατηχεῖσθαι), catechumeni orent seorsum, separati a fidelibus, et mulieres stent orantes in aliquo loco in ecclesia seorsum, sive mulieres fideles sive mulieres catechumenae. Cum autem desierint orare, non dabunt pacem (εἰρήνη); nondum enim osculum eorum sanctum est. Fideles vero salutent (ἀσπάζεσθαι) invicem, viri cum viris et mulieres cum mulieribus; viri autem non salutabunt (ἀσπάζεσθαι) mulieres. Mulieres autem omnes operinat capita sua pallio (πάλλιον); sed non tantum per genus (εἶδος) lini, non enim est velum (κάλυμμα).

---

1. 전례 거행 중에 성당 안에 남자석과 여자석이 분리되어 있음을 뜻한다.

2. 일반적으로 "평화의 입맞춤"(osculum pacis)이란 용어를 사용하는데, 여기서 "평화"(pacem), "입맞춤"(osculum), "인사하다"(salutent) 등의 표현은 모두 같은 뜻을 갖고 있다.

17. 일과 직업에 대한 (시험) 후에
말씀을 듣는 기간에 대하여

S(AE)

예비자들은 3년 동안 말씀을 들어야 한다. 한편 열성적이고 이에 잘 적응하는 사람이면, 기간에 좌우되지 말고 오직 생활에 따라 판단할 것이다.

18. 말씀을 듣는 이들의 기도에 대하여

교사가 교리교육을 끝마칠 때, 예비자들은 신자들과 분리되어 따로 기도할 것이다. 그리고 신자이든 예비자이든 여자들은, 교회 안의 일정한 곳에 따로 서 있을 것이다.[1] 기도가 끝날 때에, (예비자들은) 평화의[2] (입맞춤을) 하지 말 것이니, 그들의 입맞춤은 아직 거룩하지 못하기 때문이다.[3] 신자들은 서로 인사하는데, 남자들은 남자들과 함께, 여자들은 여자들과 함께 할 것이다. 남자들은 여자들과 (평화의) 인사를 해서는 안된다. 여자들은 모두 자기의 빨리오로 머리를 덮을 것인데,[4] 아마포 천으로 된 (것을 사용하지) 말 것이니, 그것은 베일이 아니기 때문이다.

---

3. 거룩한 입맞춤: 로마 16,16; 1고린 16,20; 2고린 13,12; 1데살 5,26 참조.
4. 전례 집회에서 여자들이 머리를 가려야 한다는 것은 1고린 11,1-16에 나오며, "빨리오"는 오늘의 미사 수건에 해당된다.

19. De impositione manus super catechmenos

S(AE)

Cum doctor post precem imposuit manum super catechumenos,
oret et dimittat eos. Sive clericus (ἐκκλησιαστικός) est qui dat
(doctrinam), sive laicus (λαϊκός), faciat sic. Si apprehenditur
catechumenus propter nomen domini, ne faciat cor duplex propter
testimonium. Si enim violentia ei infertur et occiditur, cum peccata
sua nondum remissa sunt, justificabitur. Accepit enim baptismum
in sanguine suo.

---

1. 마태 10,19; 마르 13,11; 루가 21,14 참조.

19. 예비자들에게 하는 안수에 대하여

S(AE)

기도 후에, 교사는 예비자들 위에 안수한 다음 기도하고 그들을 보낼 것이다. 성직자가 (교리를) 가르칠 때나 평신도가 가르칠 때나 그렇게 할 것이다. 어떤 예비자가 주님의 이름 때문에 체포되더라도 증언에 대해 불안해하지 말 것이다.[1] 그의 죄가 아직 사함을 받지 못하였다[2] 하더라도 그가 고문을 당하고 사형당하면 의화될 것이기 때문이다. 그는 자기 피로 세례를 받기 때문이다.

---

2. 세례를 받지 못했음을 뜻한다. 예비자가 순교하면 피의 세례(혈세: 血洗)를 받게 되며, 물의 세례(수세: 水洗)와 동일한 은총을 받는다.

20. De iis qui accipient baptismum

S(AE)

Cum autem eliguntur qui accepturi sunt baptismum, examinatur vita (βίος) eorum: an vixerint in honestate (-σεμνός) dum essent catechumeni, an honoraverint viduas (χήρα), an visitaverint infirmos, an fecerint omnem rem bonam. Et cum illi qui adduxerunt eos testantur super eum: fecit hoc modo, audiant evangelium (εὐαγ‐γέλιον). A tempore quo separati sunt, imponatur manus super eos quotidie dum exorcizantur (ἐξορκίζειν). Cum appropinquat dies quo baptizabuntur, episcopus exorcizet (ἐξορκίζειν) unumquemque eorum ut sciat an purus sit. Si quis autem non est bonus (καλός) aut non est purus (καθαρός), ponatur seorsum, quia non audivit verbum in fide (πίστις), quia impossibile est ut alienus se abscondat semper.

Doceantur qui baptizandi sunt ut abluantur [et se faciant liberos] et se lavent die quinta hebdomadae (σάββατον). Si autem mulier est in regulis mulierum, ponatur seorsum et accipiat baptismum alia die. Jejunent (νηστεύειν) qui accipient baptismum, in parasceve (παρασκευή) sabbati (σάββατον); et sabbato (σάββατον), qui accipient baptismum congregabuntur in locum unum in voluntate (γνώμη) episcopi. Jubeatur illis omnibus ut orent et flectent genua.

---

1. 로마 예식서에서, 세례를 받기 위해 선발된 사람들을 "electi"라 부르는데, 여기의 "eliguntur"와 상통한다.

2. 제15장에서는 예비자를 처음으로 인도한 사람이 예비자 등록에 앞서 예비자의 신상에 대해 증언하였는데, 3년간의 예비자 교육기간이 끝난 다음 바로 그 후견인은 자기가 인도했던 예비자의 생활에 대해 다시 증언한다. 따라서 후견인은 인도한 예비자에 대해 계속 책임을 지고 도와 주며 권고해야 할 의무가 있는 것이다.

3. "선한"(bonus: καλός)은 그의 생활 태도를 말하며, "깨끗한"(purus)은 구마와 관련된다.

20. 세례를 받을 이들에 대하여

S(AE)

세례받을 사람들을 선발할[1] 때에 그들의 생활에 대하여 심사할 것이다. 예비자로 있는 동안 그들이 성실하게 살았는지, 과부들을 공경했는지, 병자들을 방문했는지, 온갖 종류의 선행을 행했는지 (물어볼 것이다). 그들을 인도했던 사람들이 그들 각자에 대해 증언할 것이다.[2] 그렇게 행한 사람은 복음을 듣게 할 것이다. 그들이 선별된 다음부터는 매일 구마식을 할 때마다 그들 위에 안수할 것이다. 세례일이 다가오면, 감독자는 그들이 깨끗한 사람인지 알아보기 위해 한 사람씩 구마식을 할 것이다. 만일 선하지 못한 사람이나 깨끗하지[3] 못한 사람이라면 제외시킬 것이니, 그런 사람은 믿음으로 말씀을 듣지 않았기 때문이다. 사실 이질적인[4] (영이) 자신을 늘 감추고 있는 것은 불가능하기 때문이다.

세례를 받게 될 사람들은 주간 다섯째 날[5]에 목욕하고 씻어야 한다고[6] 공지할 것이다. 월경중에 있는 여자는 분리되어 다른 날에 세례를 받게 할 것이다. 세례를 받게 될 사람들은 안식일의 준비일에[7] 단식할 것이며, 감독자의 뜻에 따라 토요일에 한곳에 모일 것이다. (감독자는) 그들 모두에게 기도하고 무릎을 꿇도록 명할 것이다. 그리고 그는 그들 위에 안수하면서 온갖 이

---

4. "alienus"(이질적인)는 조금 아래의 "spiritus alienus"(이질적인 영)와 같은 뜻이며, 악마를 말한다. 예수께서 18년간 병마(spiritus infirmitatis)에 사로잡혀 있던 여자에게 안수로 악마를 쫓아냈듯이(루가 13,10-13 참조), 여기서도 감독자의 안수로 악령을 쫓아낸다.

5. "quinta hebdomadae(σάββατον)": 토요일(안식일) 다음 다섯째 날은 목요일을 뜻한다.

6. "abluantur"와 "se lavent"는 같은 의미(몸을 씻는다)를 반복한 것이다. 그리고 S 에서만 "et se faciant liberos"(해방되다)가 첨가되어 있는데, 이것은 로마 8,2.21 과 갈라 5,2의 내용을 암시한다.

7. "parasceve (παρασκευή) sabbati (σάββατον)": 안식일(토요일)을 준비하는 날은 금요

Et imponens manum suam super eos, exorcizet (ἐξορκίζειν) omnes
spiritus alienos ut fugiant ex eis et non revertantur jam in eos. Et
cum cessaverit exorcizare (ἐξορκίζειν), exsufflet in faciem eorum
et cum signaverit (σφραγίζειν) frontem, aures et nares eorum,
suscitabit eos.

Et agent totam noctem vigilantes, et legetur eis et instruentur
(κατηχεῖσθαι). Baptizandi ne adducant secum ullam rem, nisi
solum quod unusquisque adducit propter eucharistiam (εὐχα-
ριστία). Decet enim ut qui dignus effectus est offerat oblationem
(προσφορά) eadem hora.

일을 뜻한다. 「디다케」 VII,4에서는 세례 전에, 세례를 베푸는 사람에게도 단식
할 것을 명한다: 그리고 세례받을 사람은 하루나 이틀 전부터 단식해야 한다.

8. 얼굴에 숨을 내쉬고, 이마와 귀와 코에 십자 표시를 하는 것은 로마 세례 예식서
에 나오는 "effeta"(열려라) 예절과 비슷하다.

질적인 영들이 그들을 떠나 더 이상 그들 안에 되돌아오지 못하도록 구마식을 행할 것이다. 구마식이 끝나면 그는 그들의 얼굴에 숨을 내쉬고, 그들의 이마와 귀와 코에 (십자) 표시를[8] 한 다음 그들을 일어서게 할 것이다.

그들은 밤 내내 깨어 있으면서 독서를 듣고 가르침을 받을 것이다. 세례받을 사람들은 아무것도 가지고 오지 말고 다만 각자 성체를 모셔갈 것만[9] 가지고 올 것이다. 합당하게 된 사람은 같은 시간에 예물을 바치는 것이 타당하다.

---

9. 이 부분에 대해 논란의 여지가 많다. 세례받을 사람은 성체를 받아 집에 모셔갈 그릇 외에 아무것도 가지고 오지 말라는 뜻으로 이해할 수 있다. 그런데 이어서 나오는 문장에서, "합당하게 된 사람"(qui dignus effectus est)은 예물을 바치는 것이 좋다고 되어 있는데, "합당하게 된 사람"이란 세례를 받은 사람을 나타내는 것으로 이해할 수 있다. 그렇다면 상충되어 보이는 이 두 문장을 어떻게 이해해야 하는가? 문제는 "qui dignus effectus est"를 어떤 사람으로 보아야 하느냐에 달려 있다. 우리는 이렇게 설명해 본다: 세례받은 사람으로서 경제적으로 여유가 있는 사람(dignus)이 감사의 뜻으로 예물을 바치는 것은 타당한데(decet), 이것은 하나의 권고이지 의무가 아닌 것이다.

21. De traditione (παράδοσις) baptismi sancti

S(AE)

Tempore quo gallus (ἀλέκτωρ) cantat, oretur primum super aquam. Sit aqua fluens in fonte (κολυμβήθρα) vel fluens de alto. Fiat autem hoc modo, nisi sit aliqua necessitas (ἀνάγκη). Si autem necessitas (ἀνάγκη) est permanens et urgens, utere (χρῆσθαι) aquam quam invenis. Ponent autem vestes, et baptizate primum parvulos. Omnes autem qui possunt loqui pro se, loquantur. Qui autem non possunt loqui pro se, parentes eorum loquantur pro eis, vel aliquis ex eorum genere (γένος). Postea baptizate viros, tandem autem mulieres quae solverunt crines suos omnes et deposuerunt ornamenta (κόσμησις) auri et argenti quae habent super se, et nemo sumat rem (εἶδος) alienam (ἀλλότριος) deorsum in aqua.

Tempore autem statuto ad baptizandum, episcopus reddat gratias (εὐχαριστεῖν) super oleum quod ponit in vase (σκεῦος) et vocat illud oleum gratiarum actionis (εὐχαριστία). Et sumit quoque aliud oleum quod exorcizet (ἐξορκίζειν) et vocat illud oleum exorcismi (ἐξορκισμός). Diaconus autem fert oleum exorcismi (ἐχορκὶσμός) et se sistit ad sinistram presbyteri, et alius diaconus sumit oleum gratiarum actionis (εὐχαριστία) et se sistit ad dexteram presbyteri. Et cum presbyter sumpsit unumquemque recipientium baptismum,

---

1. 세례에 사용될 물은 "샘에서 흘러나오는 물이나 위에서부터 흐르는 물"로 할 것을 규정하는데, 이것은, 흐르는 물, 즉 움직이는 물은 살아있는 물이고, 고여 있는 물은 죽은 물이라는 생각에서 기인한다. 「디다케」 VII, 2에서도 세례의 물을 "살아 있는 물"(acqua viva)로 할 것을 권장하고 있다.

2. 여기서 우리는 유아세례에 관한 명백한 사료를 볼 수 있다: 부모나 가족 중에 한 사람이 어린이를 대신해 신앙고백을 한다. 교회 안에서 유아세례에 대한 찬반론이 비교적 일찍부터 있어 왔다. 떼르뚤리아누스가 칼타고 교회에서 200년경에 쓴 「성세론」(*De baptismo*) 17장에서는, 스스로 신앙고백을 할 수 없는 어린이들에게 세례를 베푸는 것이 타당하지 못하므로 18세 이상 된 성인(成人)에게만 세례를

21. 거룩한 세례의 전통에 대하여

S(AE)

수탉이 울 시각에 먼저 물에 기도할 것이다. 샘에서 흘러나오는 물이나 위에서부터 흐르는 물[1]이어야 한다. 불가피한 경우를 제외하고는 그렇게 할 것이다. 만일 불가피한 경우가 항존하고 절박하다면, 현지에 있는 물을 사용할 것이다. (세례받을 사람들은) 옷을 벗을 것이며, 너희는 어린이들에게 먼저 세례를 베풀 것이다. 말할 수 있는 사람은 모두 스스로 대답할 것이고, 말할 수 없는 (어린이의 경우에는) 부모나 그들 가족 중에 한 사람이 그들 대신 대답할 것이다.[2] 그다음 남자들에게 세례를 주고, 그다음 여자들에게 세례를 주는데, 여자들은 모두 자기 머리를 풀고 걸치고 있는 금이나 은의 장신구를 벗어 놓을 것이니, 아무도 다른 어떤 것을[3] 걸치고 물에 내려가지 말아야 한다.

세례를 베풀기 위하여 정해진 시간이 되면, 감독자는 기름에 감사의 기도를 바친 다음 그릇에 담을 것이니, 이를 감사의 기름[4]이라 부른다. 그리고 다른 기름을 들고 구마식을 할 것이니, 이것을 구마의 기름이라 부른다. 한 봉사자는 구마의 기름을 가지고 장로의 왼편에 서고, 다른 봉사자는 감사의 기름을 가지고 장로의 오른편에 설 것이다. 장로는 세례받을 사람들을 한

베풀라고 한다. 이보다 약 50년 후에 칼타고의 주교 치쁘리아누스는 「Fidus에게 보낸 서간」(Ep 64)에서 어린이들에게 가급적 빨리, 생후 8일 이내에 세례를 주어야 한다고 말하면서, 이것은 칼타고 주교회의의 결정 사항임을 강조하고 있다.

3. "rem (εἶδος) alienam (ἀλλότριος)": "ἀλλότριος"(이질적인)는 제20장(주 4 참조)에서 "악마"를 나타낸다. 여기서는 "εἶδος"(모상)와 연결하여, 부적(符籍)의 성격을 가진 우상의 작은 메달과 같은 것으로 이해할 수도 있다.

4. 두 가지 종류의 기름, 즉 "구마의 기름"과 "감사의 기름"이 구별되어 있는데, 구마의 기름은 세례 전에 구마식에 사용되며, 감사의 기름은 세례 후에 수세자의 성화를 위해 사용된다. 떼르뚤리아누스의 「성세론」 7장에서는 첫째 도유에 대한 언급이 없고 둘째 도유만 언급되어 있다.

jubeat eum renuntiare (ἀποτάσσεσθαι) dicens: Renuntio (ἀπο-
τάσσεσθαι) tibi, Satana, et omni servitio tuo et omnibus operibus
tuis. Et cum renuntiavit (ἀποτάσσεσθαι) unusquisque, ungat eum
oleo exorcismi (ἐξορκισμός) dicens ei: Omnis spiritus abscedat a te.
Et hoc modo tradat eum episcopo nudum vel presbytero qui stat ad
aquam qui (quae?) baptizat.

<table>
<tr><td align="center">T</td><td align="center">S(AE)</td></tr>
</table>

T	S(AE)
Descendat autem cum eo diaconus hoc modo. Cum ergo descendit qui baptizatur in aquam, dicat ei ille qui baptizat manum imponens super eum sic: Credis in deum patrem omnipotentem?	Similiter (ὁμοίως) autem diaconus descendat cum eo in aquam et dicat ei adjuvans eum ut dicat: Credo (πιστεύειν) in unum deum patrem omnipotentem (παντοκράτωρ) [et in unigenitum filium Jesum Christum dominum nostrum, et in spiritum sanctum vivificantem omnia, trinitatem consubstantialem, unam deitatem, unam dominationem, unum regnum, unam fidem, unum baptisma in sancta catholica et apostolica ecclesia, unam vitam aeternam. Amen.]
Et qui baptizatur etiam dicat: Credo. Et statim	Et qui accipit dicat etiam secundum haec omnia: Credo (πιστεύειν) hoc modo. Et qui

---

5. 장로가 끊어 버림의 내용을 먼저 말하고, 세례 지망자가 이를 반복하는 형식으로
   되어 있다. T와 K에서는 이 포기선언을 서쪽을 향해 하고, 다시 동쪽을 향해 신
   앙고백을 하는 것으로 되어 있다; 해가 떠오르는 동쪽은 부활하신 주님을 맞이하
   는 곳이고, 해가 지는 서쪽은 마귀가 거처하는 곳으로 이해했기 때문인 듯하다.

사람씩 잡고 (다음과 같이) 말하면서 끊어 버릴 것을 명할 것이다: "사탄아, 나는 너와 너에 대한 모든 예배와 모든 (미신적인) 행위들을 끊어 버린다." 각자가 끊어 버리겠다고[5] (대답하면), (장로는) 각자에게 "모든 (사악한) 영[6]이 당신에게서 떠나갈지어다"라고 말하면서 구마의 기름을 바를 것이다. 이러한 모양으로 그는 세례를 받게 될 물 옆에 서 있는 감독자나 장로에게 벗은 채로 인도된다.

<table>
<tr><td align="center">T</td><td align="center">S(AE)</td></tr>
</table>

봉사자는 이러한 모양으로 그와 함께 내려갈 것이다. 세례받을 사람이 물에 내려가면 세례를 베푸는 이는 그에게 안수하면서 "전능하신 하느님 아버지를 믿습니까?" 하고 물어볼 것이다.

세례받을 사람은 "믿습니다"라고 대답할 것이다.[7] 그러면 즉시

같은 모양으로 봉사자가 그와 함께 물에 내려가서, 그가 신앙고백을 하도록 (다음과 같은) 말로 권유할 것이다: "한 분이신 전능하신 하느님 아버지와, 〔외아들 우리 주 예수 그리스도와, 만물을 생활케 하시는 성령과, 성삼위의 동일한 본질과 하나의 신성(神性)과 하나의 주권과 하나의 왕국과 하나의 믿음 그리고 거룩하고 공번되고 사도로부터 전해오는 교회 안의 하나의 세례와 하나의 영원한 생명을 믿나이다. 아멘〕".

세례받는 이가 이 모든 것에 따라 "그렇게 믿습니다"라고 말할 것이다. 그러면 (세례를) 베푸는 이는

---

6. S에만 "malignus"(나쁜) 형용사가 빠져 있다.

7. 이 부분에서 양쪽 사본들 사이에 큰 차이를 나타내고 있다. T와 아래에 이어지는

L

manum habens in caput ejus
inpositam·baptizet semel. Et
postea dicat: Credis in Chr(is-
tu)m Je(su)m filium d(e)i, qui
natus est de sp(irit)u s(an)c(t)o
ex Maria virgine et crucifixus
sub Pontio Pilato et mortuus est
[et sepultus] et resurrexit die
tertia vivus a mortuis et ascen-
dit in caelis et sedit ad dexte-
ram patris venturus judicare
vivos et mortuos? Et cum ille
dixerit: Credo, iterum baptize-
tur. Et iterum dicat: Credis in
sp(irit)u s(an)c(t)o et sanctam
ecclesiam et carnis resurrec-
tionem?

dat ponat manum suam super
caput recipientis et mergit eum
ter dum confitetur (ὁμολογεῖν)
hoc unaquaque vice. Et postea
iterum dicat ei: Credis in domi-
num nostrum Jesum Christum
unicum filium dei patris, qui
homo factus est per miraculum
pro nobis in incomprehensibili
unitate in spiritu sancto in
sancta Maria virgine sine
semine viri et qui crucifixus est
pro nobis sub Pontio Pilato,
mortuus est voluntarie pro
nobis, tertia die resurrexit,
liberavit qui ligabantur, ascen-
dit in caelos, sedit ad dexteram
patris boni in excelsis, et veniet
judicare iterum vivos et mor-
tuos secundum suam revelatio-
nem et regnum suum. Et credis

L에서는 세례의 주례자가 질문을 하면, 수세자는 "credo"(믿습니다)라고 응답한
다. 반면, S(AE)에서는 주례자의 질문 없이 수세자가 직접 긴 신앙고백을 하며,
특히 〔 〕안의 내용은 콘스탄티노폴리스 공의회(381년)의 신경(simbolum)과 같은
데, 이 부분은 후에 첨가된 것으로 보인다.

8. 둘째 질문인 성자께 대한 신앙고백에서, S(AE)의 긴 정식은 앞에서 언급한 대
로, 콘스탄티노폴리스 공의회의 신경에 영향을 받은 것이다. 한편 L의 정식에서
"묻히시며"(et sepultus)는 S(AE)에는 없는데, 이와 연관해서 "est"의 위치가
"crucifixus"나 "sepultus" 다음에 와야 문법적으로 맞는데 "mortuus" 다음에 온 것
은 "et sepultus"가 후에 첨가된 것임을 말해 준다.

L

그의 머리에 안수하면서 한 번 침수시킬 것이다. 그다음[8] "하느님의 아들 예수 그리스도, 성령으로 말미암아 동정녀 마리아에게서 태어나시고, 본티오 빌라도 치하에서 십자가에 못박혀 죽으시고 〔묻히시고〕 사흗날에 죽은 이들 가운데서 부활하시고 하늘에 올라 성부 오른편에 앉으시고 산 이와 죽은 이들을 심판하러 오실 것을 믿습니까?" 하고 물어볼 것이다. 그가 "믿습니다"라고 대답하면, 그를 다시 침수시킬 것이다. 그리고 다시 "성령과 성 교회와 육신의 부활을 믿습니까?"[9] 하고 물어볼 것이다.

수세자의 머리 위에 자기 손으로 안수하고, 그가 이것을 고백할 때마다 그를 침수시키기를 세 번 할 것이다. 그다음 다시 그에게 (이렇게) 말할 것이다: "하느님 아버지의 외아들, 우리 주 예수 그리스도께서 남자의 정욕 없이 기묘한 방법으로 거룩한 동정녀 마리아 안에서 성령과 함께 알아들을 수 없는 일치를 이루시어 우리를 위해 사람이 되셨으며, 본티오 빌라도 치하에서 우리를 위해 십자가에 못박히셨고, 우리를 위해 자원하여 죽으셨으며, 삼일 만에 부활하셨고, 묶인 이들을 해방하셨으며, 하늘에 오르셨으며, 교회들 안에서 선하신 성부 오른편에 앉으셨으며, 당신의 계시와 당신의 왕권에 따라 산 이와 죽은 이들을 심판하러 오실 것을 믿습니까? 그리고

---

9. 성령께 대한 신앙고백에서, 성부와 성자께 대한 정식과는 달리, "성 교회"(sanctam ecclesiam)와 "육신의 부활"(carnis resurrectionem)이 "성령"(in spiritu sancto)과 동등하게 열거되어 있다. 이에 대해 P. Nautin은 "나는 성 교회 안에서 육신의 부활을 위해 성령을 믿습니다"(*Je crois à Esprit-Saint dans la sainte Eglise pour la resurrection de la chair*, Paris 1947)로 해설하면서, "성 교회"를 장소적 부사로 보고 있다. 한편 B. Botte(‹Note sur le symbole bapismal de saint Hippolyte›, *Melanges J. de Ghellinck, Gembloux* 1951, 189-200)는, T, K, S, A 사본들에 없는 "육신의 부활"이 후에 첨가된 것으로 보고, "성 교회 안에서 성령을 믿습니다"로 설명하고 있다.

in sanctum, bonum et vivificantem spiritum purificantem universa in sancta ecclesia?

B(AE)

Dicat ergo qui baptizatur:
Credo.
Et sic tertia vice baptizetur.
Et postea cum ascenderit, ungueatur a praesbytero de illo oleo quod sanctificatum est dicente: Ungueo te oleo sancto in nomine Je(s)u Chr(ist)i. Et ita singuli detergentes se induantur et postea in ecclesia ingrediantur.
Episcopus vero manu(m) illis inponens invocet dicens: D(omi)ne D(eu)s, qui dignos fecisti eos remissionem mereri peccatorum per lauacrum regenerationis sp(irit)u<s> s(an)c(t)i, inmitte in eos tuam gratiam, ut tibi serviant secundum voluntatem tuam; quoniam tibi est gloria, patri et filio cum sp(irit)u

Et iterum (πάλιν) dicat:
Credo.

Et ascendat ex aqua et ungat eum presbyter oleo gratiarum actionis (εὐχαριστία) dicens: Ungo te oleo sancto, in nomine Jesu Christi. Hoc modo ceteros per unum ungat et vestiat hoc modo ceteros, et ingrediantur ecclesiam (ἐκκλησία).
Episcopus imponat manum suam super eos in magno desiderio dicens: Domine deus, sicut fecisti illos dignos accipere remissionem peccatorum in saeculum venturum, fac eos dignos ut repleantur spiritu sancto et mitte super eos gratiam tuam ut (ἵνα) tibi serviant secundum voluntatem tuam; quoniam tibi gloria patri et filio

---

10. L의 "성화된 그 기름"(illo oleo quod sanctificatum est)은 앞에서 언급된 "감사의 기름"(oleum gratiarum actionis), 즉 감독자가 감사의 기도를 바쳐 축성한 기름을 말한다. 따라서 "quod sanctificatum est"(성화된)는 자구적 번역이라기보다는 의미를 살린 자의적 번역으로 보아야 할 것이다.

거룩하시고 선하시며, 성 교회 안에서 우주를 생활케 하시고 정화시키시는 성령을 믿습니까?"

B(AE)

세례받는 이가 "믿습니다"라고 대답하면 세번째로 그를 침수시킬 것이다. 그다음 그가 (물에서) 올라오면, 장로는 성화된 그 기름[10]을 그에게 바르면서 "나는 예수 그리스도의 이름으로 당신에게 성유를 바릅니다" 하고 말할 것이다. 이렇게 하여 한 사람씩 몸을 닦고는 옷을 입게 한 다음 성당 안으로 들어가게 할 것이다.[11]

감독자는 그들에게 안수하면서 이렇게 기도할 것이다: "이들을 성령의 재생의 목욕을 통하여 죄사함을 얻기에 합당한 사람들이 되게 하신 주 하느님, 당신의 은총을 이들에게 내려 주시어 당신의 뜻에 따라 당신을 섬기게 하소서. 영광이 아버지 당신

그러면 그는 다시 "믿습니다"라고 대답할 것이다.

그리고 그가 물에서 올라오면, 장로는 "나는 예수 그리스도의 이름으로 당신에게 성유를 바릅니다"라고 말하면서 그에게 감사의 기름을 바를 것이다. 다른 사람들에게도 한 사람씩 이렇게 기름바르고 옷을 입힌 다음 성당에 들어가게 할 것이다.

감독자는 원의에 가득차 있는 그들에게 안수하면서 이렇게 간구할 것이다: "다가올 세기에 이들을 죄사함을 받기에 합당한 자들이 되게 하신 주 하느님, 이들을 성령으로 충만케 하시고 당신 은총을 이들 위에 내려 주시어 이들로 하여금 당신의 뜻에 따라 당신을 섬기기에 합당한 이들이 되게 하소서. 영광이 성부

---

11. 세례성사의 예식을 성당 밖 다른 곳(성세소: baptisterium)에서 거행했음을 알 수 있다. 여기까지가 세례성사에 해당된다.

s(an)c(t)o, in sancta ecclesia, et nunc et in saecula saeculorum. Amen.

Postea oleum sanctificatum infunde<n>s de manu et inponens in capite dicat: Ungueo te s(an)c(t)o oleo in d(omi)no patre omnipotente et Chr(ist)o Je(s)u et sp(irit)u s(an)c(t)o.

Et consignans in frontem offerat osculum et dicat: D(omi)n(u)s tecum. Et ille qui signatus est dicat: Et cum sp(irit)u tuo. Ita singulis faciat. Et postea jam simul cum omni populo orent, non primum orantes cum fidelibus nisi omnia haec fuerint consecuti. Et cum oraverint, de ore pacem offerant.

Et tunc jam offeratur oblatio a diaconibus episcopo et gratias

cum spiritu sancto, in sancta ecclesia, nunc et semper et in saecula saeculorum.

Et effundit oleum gratiarum actionis (εὐχαριστία) super manum suam et ponit manum super caput ejus dicens: Ungo te oleo sancto in deo patre omnipotenti (παντοκράτωρ) et Jesu Christo et spiritu sancto.

Et consignabit (σφραγίζειν) in fronte ejus et dabit osculum et dicet: Dominus tecum. Et ille qui signatus est (σφραγίζειν) dicet: Et cum spiritu tuo. Ita facient singuli. Et populus (λαός) omnis oret simul et incipient qui acceperunt baptisma omnes orare. <Et non orent cum fidelibus nisi postquam fecerint opus quod memoravimus. Et cum oraverint,> dicant pacem ore.

Diaconi autem offerent oblationem (προσφορά) episcopo, et

---

12. "성화된 기름"(oleum sanctificatum), 즉 "감사의 기름"(oleum gratiarum actionis)의 도유는 성당에 들어오기 전에 있었고, 성당에 들어와서 또 한 번 있다. 성당 안에서 감독자에 의해 거행되는 이 두번째 도유는 견진성사에 해당된다.

13. "consignabit"(σφραγίζειν)는 "표시를 해주다" 뜻을 갖고 있는데, 교회 용어로서는 "십자 표시를 해주다"는 뜻이다. 희랍어 "σφραγίζειν"은 도장을 찍어 표시하다의 뜻을 갖고 있는데, 여기서는 십자 표시가 인호(印號)의 역할을 한다는 것을 함축적으로 나타내고 있다.

께와 성령과 함께 성자께 성 교회 안에서 이제와 세세에 있어지이다. 아멘.”

그다음 (자기) 손에 성화된 기름을 붓고 (수세자의) 머리에 안수하면서 “전능하신 주 성부와 예수 그리스도와 성령 안에서 성유를 당신에게 바릅니다”[12] 하고 말할 것이다.

그리고 이마에 (십자) 표시를 하고 입맞춤을 하면서 “주께서 당신과 함께”라고 하면, 표시를 받은 사람은 “또한 당신의 영과 함께”라고 대답할 것이다. 이렇게 각 사람에게 할 것이다. 그다음 그들은 비로소 회중과 함께 기도하게 되니, 이 모든 (예식을) 받기 전에는 신도들과 함께 기도하지 못하기 때문이다. 그리고 기도를 바친 다음 평화의 입맞춤을 나눌 것이다.

그때에 봉사자들이 감독자에게 예물을 바치고,[14] (감독자는) 그리스도

당신께와 성령과 함께 성자께 성 교회 안에서 이제와 항상 세세에 있어지이다.”

그리고 (감독자는) 자기 손 위에 감사의 기름을 붓고, (수세자의) 머리에 안수하면서, “전능하신 하느님 아버지와 예수 그리스도와 성령 안에서 당신에게 성유를 바릅니다”라고 말할 것이다.

그리고 (감독자는) 그의 이마에 (십자) 표시를[13] 하고, 입맞춤을 하면서 “주께서 당신과 함께”라고 하면, 표시를 받은 사람은 “또한 당신의 영과 함께”라고 응답할 것이다. 이렇게 각 사람에게 할 것이다. 온 회중이 함께 기도할 때에, 세례를 받은 이들도 모두 기도하기 시작할 것이다. 〈우리가 (위에서) 상기시켰던 예식을 받지 않고서는 신도들과 함께 기도하지 못한다. 그리고 기도를 바친 다음〉 평화의 입맞춤을 나눌 것이다.

봉사자들이 감독자에게 예물을 바치면, 그리스도의 몸의 형상이 되도록

---

14. 여기서부터 입교성사의 마지막 단계인 성찬 전례가 시작된다.

agat panem quidem in exe(m)
plum, quod dicit gr<a>ecus
antitypum, corporis Chr(ist)i;
calicem vino mixtum propter
antitypum, quod dicit graecus
similitudinem, sanguinis quod
effusum est pro omnibus qui
crediderunt in eum; lac et melle
mixta simul ad plenitudinem
promissionis quae ad patres
fuit, qua[m] dixit terram fluen-
tem lac et mel,

ille gratias agat super panem
quia forma est carnis (σάρξ)
Christi, et calicem vini quia est
sanguis Christi qui effusus est
pro omnibus qui credunt in
eum; lac et mel mixta ad im-
pletionem promissionum quae
ad patres fuerunt; dixit: Dabo
vobis terram fluentem lac et
mel.

S(AE)

qua[m] et dedit carnem suam
Chr(istu)s, per quam sicut par-
vuli nutriuntur qui credunt, in
suavitate verbi amara cordis
dulcia efficiens;

Haec est caro (σάρξ) Christi
quam dedit nobis ut nutriantur
ex ea sicut parvuli qui credunt
in eum, et amara cordis solvat
dulcedo verbi;

E

aquam vero in oblationem in
indicium lauacri, ut et interior
homo, quod est animale, si-
milia consequa[n]tur sicut et
corpus.

et aqua oblationis (est) indi-
cium panis, ut interior homo,
qui est animatus, <consequa-
tur> sicut qui est corporalis.

---

15. "quod dicit graecus antitypum"은 L의 번역자가 붙인 해설이다. 빵에 관해서는 정
    확한데, 이어서 나오는 포도주에 관한 대목(propter antitypum, quod dicit graecus
    similitudinem)에서는 "antitypum"과 "similitudinem"의 위치가 바뀌었다. 또 빵의
    경우에는 "exemplum"을 사용하고, 포도주의 경우에는 "similitudinem"을 사용하
    면서 이 두 단어에 대한 희랍어 해설을 모두 "antitytpum"이라 하고 있다. 라틴어
    "exemplum"은 희랍어 "ἀντίτυπος"에 상응하지만, "similitudo"는 희랍어
    "ὁμοίωμα"로 바꾸는 것이 타당하다.

의 몸의 표상 ― 희랍어로 anti-typum이라 한다 ― [15]이 될 빵에 감사의 기도를 바치고, 또 그분을 믿는 모든 이들을 위하여 흘리신 피의 표상 ― 희랍어로 antitypum이라 한다 ― 이 될 물 탄 포도주 잔에 (감사의 기도를 바칠 것이다). (그리고) 젖과 꿀이 혼합된 것에 (감사의 기도를 바칠 것이니), 이는 성조들에게 하신 약속을 이루시기 위해서이다. (하느님은) 이 약속에서 젖과 꿀이 흐르는 땅에[16] 대해 말씀하셨으며,

또 그리스도께서는 당신의 몸을 주셨는데, 그분께서 이를 통하여 믿는 이들을 마치 어린아이들처럼 양육하시며, 말씀의 단맛으로 마음의 쓰라림을 감미롭게 하신다.

(그리고) 내적 인간, 즉 영혼이[17] 육신과 똑같은 효과를 얻게 되도록 하는 씻음의 표지로 바쳐지게 될 물에도 (감사의 기도를 바칠 것이다).

빵 위에 감사의 기도를 바치고, 또 그분을 믿는 모든 이들을 위해 흘리신 그리스도의 피가 되도록 포도주 잔에 (감사의 기도를 바칠 것이다). (그리고) 성조들에게 "젖과 꿀이 흐르는 땅을 너희에게 주겠다"고 하신 약속을 이루시기 위해 젖과 꿀이 혼합된 것에 (감사의 기도를 바칠 것이다).

S(AE)

이것은 그리스도의 몸이니, 그분께서 당신을 믿는 이들을 마치 자녀들처럼 양육하시기 위해 우리에게 주신 몸이며, 또한 그분은 마음의 쓰라림을 말씀의 감미로움으로 풀어주신다.

E

그리고 봉헌의 물은 내적 인간, 즉 영혼이 육신과 같은 효과를 얻게 되도록 하는 빵의 표지이다.

---

16. 출애 3,17 참조.

17. L의 "quod est animale"는 희랍어 "τὸ ψυχικόν"의 번역으로 보인다.

De universis vero his rationem reddat episcopus eis qui percipiunt. Frangens autem panem, singulas partes porrigens dicat: Panis caelestis in Chr(ist)o Je-(s)u. Qui autem accipit respondeat: Amen. Praesbyteri vero si non fuerint sufficientes, teneant calices et diacones, et cum honestate adstent et cum moderatione: primus qui tenet aquam, secundus qui lac, tertius qui vinum.

Et gustent qui percipient de singulis ter dicente eo qui dat: In d(e)o patre omnipotenti. Dicat autem qui accipit: Amen. Et d(omi)no Je(s)u Chr(ist)o. Et sp(irit)u s(an)c(t)o et sancta

De his ergo omnibus reddat rationem (λόγος) episcopus eis qui accipient baptismum. Cum ergo episcopus fregit panem, det partem (κλάσμα) ex eo singulis dicens: Hic est panis caelestis, corpus (σῶμα) Christi Jesu. Qui autem accipit respondeat: Amen. Si autem presbyteri non sufficiunt, diaconi teneant calicem (ποτήριον), et stent in ordine (εὐταξία): <primus qui aquam (tenet), secundus qui lac, et tertius qui vinum>.
Et dabit illis sanguinem Christi Jesu domini nostri, et ille lac, et ille mel. Dicat qui dat calicem (ποτήριον): Hic est sanguis domini nostri Jesu Christi. Et

---

18. 성체를 영해 주면서 하는 말에서 L과 S(AE) 사이에 차이가 있다. L에서는, "예수 그리스도 안에 있는 천상의 빵입니다"; S(AE)에서는, "이것은 천상의 빵인 예수 그리스도의 몸입니다". 이어서 나오는 축성된 세 잔을 영해 줄 때 하는 말에서도 이러한 차이가 있다.

19. S에 보존되어 있는 "εὐταξία"(in ordine)는 문맥에 잘 어울린다: 세 가지 잔을 들고 있는 순서를 말하고 있기 때문이다. 반면 L에서는 잔을 들고 서 있는 봉사자들의 자세와 태도를 묘사하고 있다.

감독자는 영성체하는 이들에게 이 모든 것에 대해 설명해 줄 것이다. 그는 빵을 나누어서 (각자에게) 한 조각을 주면서 "예수 그리스도 안에 있는 천상의 빵입니다"[18]라고 하면, 받아 모시는 이는 "아멘"이라고 대답할 것이다. 장로들의 (수가) 넉넉하지 못하면, 봉사자들도 잔들을 들고 단정하고 신중하게 옆에 서 있을 것이다: 첫째 (봉사자는) 물을 들고, 둘째 (봉사자는) 젖을 들고, 셋째 (봉사자는) 포도주를 들 것이다.

받아 모시는 이는 각 (잔)을 맛볼 것이다.[20] 세 번 (영함에 있어) 영해 주는 사람이 "전능하신 천주 성부 안에서"라고 하면, 받아 모시는 사람은 "아멘" 하고 대답하고, "주 예수 그리스도 안에서"라 하고,[21] 또 "성령과 성 교회 안에서"라고 하면

그러므로 감독자는 세례를 받는 이들에게 이 모든 것에 대해 설명해 줄 것이다. 감독자가 빵을 나누어서 그 조각을 각 사람에게 주면서, "이것은 천상의 빵인 예수 그리스도의 몸입니다"라고 말하면, 받아 모시는 사람은 "아멘" 하고 대답할 것이다. 장로의 (수가) 넉넉하지 않으면, 봉사자들이 잔을 들고 있는데, (다음의) 순서로[19] 설 것이니, 첫째 (봉사자는) 물을 들고, 둘째 (봉사자는) 젖을 들고, 셋째 (봉사자는) 포도주를 들 것이다.

그리고 우리 주 예수 그리스도의 피를 그들에게 주고, 그다음 젖을 주고 그다음 꿀을 줄 것이다. (포도주) 잔을 주면서 "이는 우리 주 예수 그리스도의 피입니다"라고 말하

---

20. 봉사자들이 세 잔을 들고 있는 순서는 L과 S(AE)에서 모두 같다: 물, 젖, 포도주. 한편 S(AE)에서는 영해 주는 순서가 거꾸로 되어 있는데, 먼저 그리스도의 피(포도주)를, 그다음 젖을, 끝으로 물 대신에 꿀을 영해 주며, (포도주) 잔을 영해 줄 때에만 "이는 우리 주 예수 그리스도의 피입니다"라고 말하게 되어 있다. L에서는 영해 주는 순서가 명시되어 있지 않고, 세 잔을 영해 줄 때의 말은 성 삼위와 연관되어 있다.

21. "아멘" 대답이 빠져 있는 것으로 보인다.

ecclesia. Et dicat: Amen. Ita singulis fiat. Cum vero haec fuerint, festinet unusquisque operam bonam facere...

qui accipit respondeat: Amen. Haec autem cum facta sunt, sollicitus sit (σπουδάζειν) unusquisque facere omnem rem bonam

S(AE)

et placere deo et conversari (πολιτεύεσθαι) recte, vacans ecclesiae, faciens quae didicit et proficiens (προκόπτειν) in pietate.

Haec autem tradidimus vobis in brevi de baptismo sancto et oblatione (προσφορά) sancta, quia (ἐπειδή) jam instructi estis (κατηχεῖσθαι) de resurrectione carnis (σάρξ) et de ceteris sicut scriptum est. Si autem aliquid decet memorari, episcopus dicat eis qui acceperunt baptismum in quiete. Ne autem infideles (ἄπιστος) cognoscant nisi acceperint baptismum primum. Hic est calculus (ψῆφος) albus quem Joannes dixit: Nomen novum scriptum est in eo, quod nemo novit nisi qui accipiet calculum (ψῆφος).

---

22. 비전(秘傳)의 규율에 대해 말하고 있다. 박해시대였던 2세기부터 배교나 이단의 경우들이 자주 생기기 시작하자 교회는 예비자들을 조심스럽게 선별하고 시험해 보았다. 그리고 예비자 교육에 있어 단계적으로 교리를 가르치고 이에 상응한 단계 예식을 거치면서 세례성사에 이르게 하였다. 세례받는 날 비로소 성찬 전례에 참여하도록 한 것도 이런 이유가 크게 작용하였다. J. Daniélou, *La catechesi nei primi secoli,* 54-56. 153-184 참조.

"아멘" 하고 대답할 것이다. 이렇게 각 사람에게 할 것이다. 이것이 끝나면, 각자는 선행을 행하며, 면, 받아 모시는 이는 "아멘" 하고 대답할 것이다. 이것이 끝나면 각자는 온갖 선행을 행하며,

S(AE)

하느님을 기쁘게 해드리고, 바르게 생활하며, 교회를 위해 열성적이며, 배운 바를 행하며, 신심을 향상시키는 데에 전력할 것이다.

우리는 거룩한 세례와 거룩한 봉헌에 대해 여러분에게 이것들을 간략하게 전해 주었다. 왜냐하면 여러분은 육신 부활과, 기록된 바에 따라, 다른 것들에 대해서도 이미 가르침을 받았기 때문이다. 그러나 (다른) 어떤 것을 상기시킬 필요가 있으면 감독자는 세례받은 이들에게 은밀히 말해 줄 것이다.[22] 이는 미신자들이 먼저 세례를 받기 전에는[23] 알지 못하도록 하기 위해서이다. 이것은 요한이 "그 돌에는 새로운 이름이 적혀 있는데, 그 이름은 그 돌을 받는 사람밖에는 아무도 알지 못한다"[24]라고 말씀하신 흰 조약돌이다.

---

23. S에는 "acceperint baptismum"으로 되어 있고, AE에는 "baptismum"이 빠져 있다. B. Botte는 "baptismum"을 첨가된 것으로 보고, "acceperint"를 "(성체를) 영하다"로 해석하고 있다.

24. 묵시 2,17.

22. (De communione)

<table>
<tr><td align="center">E</td><td align="center">K</td></tr>
<tr><td valign="top">

Sabbato et prima sabbati episcopus, si potest, manu sua, dum diaconi frangunt, omni populo distribuet ipse, et presbyteri coctum panem frangent. Cum diaconus ad presbyterum affert, porriget vestem suam, et ipse presbyter sument, et populo manu sua distribuet. Ceteris diebus recipient secundum mandatum episcopi.

</td><td valign="top">

Die prima sabbati in hora oblationis, si potest, episcopus communicet omnem populum sua manu. Et si presbyter aegrotat, offerat illi diaconus mysterium et presbyter sumat sibi solus.

</td></tr>
</table>

---

1. 여기서부터 제3부(제22-42장)가 시작되는데, 앞의 두 부분과는 달리 일관성이 없이 신자들의 일상생활에 관한 제반 규정들을 다루고 있다.

2. K에서는 주일만 언급되어 있는데, E에서는 토요일과 주일 양일에 성체를 영하는 날, 즉 성찬 전례를 거행하는 날로 되어 있다. 토요일을 전례 거행일로 하는 것은 3세기의 관습이 아니며, 후기 동방교회의 전통에서 와서 여기에 첨가된 것으로 보인다.

3. "dies prima sabbati"는 "주간 첫째 날"(dies prima septimanae)과 같은 뜻으로 주일을 말한다. 참조: J. A. Jungmann, *La liturgie des premiers siècles,* Paris 1962, 37-40.

22. (영성체에 대하여)[1]

<table>
<tr><th>E</th><th>K</th></tr>
</table>

E

토요일[2]과 주일[3]에 감독자는, 봉사자들이 (성체를) 나누면, 가능한 한 자기 손으로 직접 모든 신자들에게 영해 줄 것이다. 그리고 장로는 구운 빵[5]을 나눌 것이다. 봉사자가 장로에게 (성체를) 가져 오면, 자기 옷[6]에 놓을 것이다. 장로는 스스로 영하고 회중에게는 자기 손으로 영해 줄 것이다. 다른 날들에는 감독자의 지시에 따라 받을 것이다.

K

주일 봉헌의 시간에 감독자는 가능한 한 자기 손으로 온 회중에게 성체를 영해 줄 것이다. 만일 장로가 아프면,[4] 봉사자가 그에게 성체를 가져 오고 장로 홀로 스스로 영할 것이다.

---

4. E에서는 신자들에게 성체를 나누어 주는 일반적인 과정을 묘사하고 있는 반면, K에서는 아파 누워 있는 장로가 스스로 성체를 영하는 특별한 경우를 언급하고 있다.

5. "구운 빵"(coctum panem): 이상한 표현인데, 이것은 잘못된 철자법에서 오는 실수로 보이지 않는다. 왜냐하면 제26장의 S, A에서는 "빵"이라고만 되어 있는데, E^b에서는 "구운 빵"이란 표현이 나오기 때문이다(152쪽 주 2 참조).

6. "자기 옷"(vestem suam): 문맥상, 봉사자가 성체를 가져 오면 장로는 자기 옷을 들거나 펼쳐서 받는다는 뜻이나, 매우 비합리적이다. 한편 T에서는 "pateram vel pyxidem"(접시나 그릇 = 성반이나 성작)에 받는다고 되어 있다. 이 문제에 대해 B. Botte는 다음과 같이 설명한다: 원래 희랍어 원문에서는 "λέβης"(그릇)였을 것인데, 아랍어 역자가 희랍어 발음에 맞추어 그냥 lebso로 표기했던 것을 다시 에티오피아어로 번역하는 과정에서 "옷"이라는 뜻을 가진 아랍어 *lebsō*를 "옷"으로 번역했다는 것이다.

23. De ieiunio (νηστεία)

<table>
<tr><td>

Ep

(Vind. gr. 7; Funk II,112)

Χῆραι καὶ παρθένοι πολλάκις νηστευέτωσαν καὶ εὐχέσθωσαν ὑπὲρ τῆς ἐκκλησίας. Πρεσβύτεροι, ἐπὰν βούλοιντο, καὶ λαϊκοὶ ὁμοίως νηστευέτωσαν. Ἐπίσκοπος οὐ δύναται νηστεύειν, ἐὰν μὴ ὅτε καὶ πᾶς ὁ λαός. Ἔσθ᾽ ὅτε γὰρ θέλει τις προσενεγκεῖν, καὶ ἀρνήσασθαι οὐ δύναται· κλάσας δὲ πάντως γεύεται.

</td><td>

S(AE)

Viduae (χήρα) et virgines (παρθένος) jejunent (νηστεύειν) saepe et orent in ecclesia. Presbyteri similiter (ὁμοίως) et laici (λαϊκός) tempore quo volunt jejunent (νηστεύειν). Non potest autem episcopus jejunare (νηστεύειν) nisi in die quo populus (λαός) omnis jejunabit (νηστεύειν). Fiet enim ut quis velit afferre aliquid in ecclesiam et non potest recusare (ἀρνεῖσθαι). Si autem frangit panem, gustabit omnimo (πάντως) panem.

</td></tr>
</table>

---

1. "λαός"(= populus: 백성)와 앞의 "λαϊκός"(평신도)는 같은 어원에서 나온 말들이다. "온 백성"이란 하느님의 백성인 신자들 모두를 말하며, "평신도들"(λαϊκοί)은 엄격한 의미로 교직(감독자, 장로, 봉사자)에 속하지 않는 일반 신자들을 말한다.

23. 단식에 대하여

Ep

과부와 동정녀들은 자주 단식하고 교회를 위해 기도할 것이다. 장로들은 원할 때에 단식하고, 평신도들도 이와 같은 모양으로 단식할 것이다. 감독자는 모든 신자들이[1] 단식하는 날[2] 이외에는 단식하지 말 것이다. 사실 어떤 이가 (무엇을) 봉헌하기를[3] 원할 때에 (이를) 거절할 수 없으며, (빵을) 나누면 어쨌거나 맛보아야 하기 때문이다.

S(AE)

과부와 동정녀들은 자주 단식하고 교회 안에서 기도할 것이다. 장로들과 마찬가지로 평신도들은 원할 때에 단식할 것이다. 감독자는 모든 신자들이 단식하는 날이 아니면 단식할 수 없다. 사실 어떤 이가 교회에 무엇을 봉헌하기를 원하는 일이 생기면 (이를) 거절할 수 없으며, 그 빵을 나누면 어쨌거나 그것을 맛보아야 하기 때문이다.

---

2. 「디다케」 VIII,1에 의하면, 유다인들은 월요일과 목요일을 단식일로 하는 반면, 그리스도 신자들은 수요일과 금요일을 단식일로 하였다.

3. 여기에서 말하는 봉헌은 성찬 전례시에 바치는 예물이 아니라 공동체의 식사, 즉 아가페를 말한다.

24. De donis ad infirmos

<table>
<tr><td align="center">E</td><td align="center">T</td></tr>
<tr><td>

Diaconus in necessitate dabit signum infirmis cum sollicitudine si non adest presbyter, et cum dederit quantum necesse est, sicut acceperit quod distribuitur, gratias aget, et consument ibi.

Ut (qui) accipiunt ministrent sollicite.[Dabit eulogiam]. Si quis accepit ut ferat viduae et infirmo et ei qui operam dat ecclesiae, in die ferat. Et si non tulit, sequenti die, augendo de suo, quod erat, ferat, quia mansit apud eum panis pauperum.

</td><td>

Diaconus non praesente presbytero baptizet.

Si accipit aliquis ministerium aliquod ut ferat viduae vel alicui qui negotiis ecclesiasticis vacat et officiis, ipso die dabit; si autem non, die postero addet aliquid super illud ex suis et sic dabit. Moratus est enim apud eum panis pauperis.

</td></tr>
</table>

---

1. 이 장의 후반부에는 E와 T 사이에 큰 차이가 없으나, 전반부에서는 서로 대조할 수 없을 정도로 큰 차이를 보이고 있다.

2. 문맥 안에서 "dabit signum"(표지를 줄 것이다)의 뜻이 매우 모호하다. E^2 사본에서는 "dabit attentionem"(주의를 기울일 것이다)으로 되어 있다. 한편 조금 아래에 나오는 "dabit eulogiam"(축복받은 빵을 줄 것이다)과 어떤 연관성을 생각해 볼 수도 있겠다.

24. 병자들을 위한 선물에 대하여[1]

<table>
<tr><th>E</th><th>T</th></tr>
</table>

절박한 경우에 장로가 없으면, 봉사자는 병자들에게 정성껏 표지(?)를[2] 줄 것이다. 필요한 만큼 나누어 주면, 나누어 준 것을 받으면서 감사의 기도를 바치고, 그 자리에서 소모할 것이다.[4]

(선물을) 받은 이들은[5] 열심히 봉사할 것이다. 〔축복받은 빵을 줄 것이다.〕 만일 누가 과부나 병자나 교회의 일에 종사하는 사람에게 갖다 주라고 (무엇을) 받았으면, 당일에 전해 줄 것이다. 만일 (그날) 전해 주지 못하였으면, 다음날 거기에 자기의 몫을 덧붙여 갖다 줄 것이니, 가난한 이들의 빵이 자기 집에 묵혀 있었기 때문이다.

장로가 부재중이면 봉사자가 세례를 베풀 것이다.[3]

만일 누가 과부나, 교회의 일이나 업무에 종사하는 사람에게 무엇을 갖다 주라는 심부름을 부탁받았으면, 당일에 전해 줄 것이다. 만일 (당일에 전해 주지) 못하였으면 다음날 그것에 자기의 것을 첨부하여 전해 줄 것이다. 왜냐하면 가난한 이의 빵이 자기 집에 묵혀 있었기 때문이다.

---

3. T는 이 "signum"을 세례성사에서 십자 표시로 얻어지는 "인호"(σφραγίς)로 이해하여 문맥을 세례성사로 바꾼 것으로 보인다.

4. "consument ibi"(그 자리에서 소모할 것이다)는 받은 것이 먹는 음식임을 암시한다.

5. 받은 것이 무엇인지 명시되어 있지 않지만, 끝에 "빵"(panis)에 대한 언급이 있는 것으로 보아, 빵을 전해 줄 심부름을 받았다는 것을 암시한다. 한편 이어서 나오는 "dabit eulogiam"(축복받은 빵을 줄 것이다)은 문맥상 어울리지 않으며, 주 2에서 언급하였듯이, "dabit signum"과 어떤 연관성을 생각해 볼 수 있겠다.

25. De introductione lucernae
in cena communitatis

E

Cum episcopus adest, vespere facto, diaconus lucernam infert, et stans in medio omnium fidelium qui adsunt, reddet gratias. Primum salutabit dicens: Dominus vobiscum. Et populus dicet: Cum spiritu tuo. — Gratias agamus domino. Et dicent: Dignum et justum est; et magnitudo et elevatio cum gloria eum decent. Et sursum corda non dicet, quia in oblatione dicitur. Et orabit hoc modo dicens:

Gratias agimus tibi, Domine, per filium tuum Jesum Christum dominum nostrum, per quem illuminasti nos, revelans nobis lucem incorruptibilem. Cum perfecimus ergo longitudinem diei et pervenimus ad initium noctis, saturantes nos luce diei quam creasti ad satietatem nostram, et cum nunc non egemus luce vesperi per gratiam tuam, laudamus te et glorificamus te per filium tuum Jesum Christum dominum nostrum per quem tibi gloria et potentia et honor cum sancto spiritu, et nunc et semper et in saeculum saeculi. Amen. Et dicent omnes: Amen.

Et surgent ergo post cenam orantes, pueri dicent psalmos, et virgines.

---

1. 이 장은 제4장에 나오는 성찬 전례의 양식과 비슷한 점들이 있으나, 성찬 전례의 봉헌 때에만 하는 "마음을 드높이"를 하지 말라는 규정이 말해 주듯이, 공동체가 같이 하는 저녁식사, 즉 아가페(agape)에 대한 규정이다.

2. E의 일반적인 경향인데, "하느님"(Deus)과 "주님"(Dominus)의 용어 사용에 있어 구별이 명확하지 않다. 일반적으로 기도문에서 "하느님"(Deus)은 성부를 지칭하고 "주님"(Dominus)은 성자를 나타낸다. 그런데 여기서 "주님"(Domine)은 성부를 지칭하며, "우리 주"(dominum nostrum)는 성자를 뜻한다.

25. 공동체의 저녁식사 동안
등불의 사용에 대하여[1]

E

감독자가 도착할 임시에 (이미) 저녁이 되었으면, 봉사자는 등불을 들고 올 것이다. (감독자는) 임석한 모든 신자들 가운데에 서서 감사의 기도를 바칠 것이다. 먼저 "주께서 여러분과 함께"라고 말하면서 인사하면, 신자들은 "(또한) 당신의 영과 함께"라고 응답할 것이다.—"주님께 감사합시다"(라고 하면), "마땅하고 옳은 일입니다. 그분께는 영광과 함께 엄위와 현양이 있어지이다"라고 응답할 것이다. "마음을 드높이"라는 말은 하지 말 것이니, 이는 봉헌 때에 하는 것이기 때문이다. 그리고 (감독자는) 이렇게 기도할 것이다:

"주님, 당신의 아들 우리 주[2] 예수 그리스도를 통하여 당신께 감사드리나이다. 당신은 그분을 통해 불멸의 빛을 계시하시면서 우리를 비추셨나이다. 우리는 낮시간을 모두 보낸 (지금) 밤의 문턱에 와 있나이다. 우리를 풍족케 하시기 위해 창조하신 낮의 빛을 풍족히 누렸고, 지금 저녁에도 당신의 은총으로 빛을 허락해 주시니, 당신의 아들 우리 주 예수 그리스도를 통하여 당신께 찬미와 영광을 드리나이다. 성자를 통하여 성령과 함께 당신께 영광과 권세와 영예가 이제와 항상 세세에 있어지이다. 아멘." 모든 이는 "아멘" 하고 응답할 것이다.

저녁식사 후에는 (모두) 기도하면서 일어날 것이다. 어린이들은 시편들을 외우고 동정녀들도 (그렇게 할 것이다).[3]

---

3. "저녁식사 후에 … 동정녀들도 (그렇게 할 것이다)" 대목의 위치가 어색하다. 문맥상 이 대목은 오히려 제일 끝에 오는 것이 적절하며, 그렇지 않으면, 잔 봉헌 때에 바칠 시편의 형태에 대해 설명하는 부분("그다음 봉사자는 … 모든 신자들에게 줄 것이다")이 후에 첨가된 것으로 볼 수도 있다.

Et postea diaconus, mixtum calicem oblationis cum accipiet, dicet psalmum de illis in quibus scriptum est alleluia. Et postea presbyter si praecipit, etiam ex iisdem psalmis. Et postea (quam) episcopus obtulit calicem, (eorum) qui conveniunt calici psalmum dicet, omnem cum alleluia, dum dicent omnes. Cum recitabunt psalmos, dicent omnes alleluia, quod dicitur: laudamus qui est deus; gloria et laus ei qui creavit omne saeculum per verbum tantum. Et perfecto psalmo, benedicet calicem et de fragmentis dabit omnibus fidelibus.

그다음 봉사자는 봉헌에 (쓰일) 혼합된 잔[4]을 들고 알렐루야가 적혀 있는 시편들 중에 한 시편을 외울 것이다. 그다음 장로가 명하면, 같은 (형태의) 시편들 중에 (다른 것을 외울 것이다). 감독자가 잔을 봉헌한 다음, 잔에 어울리며 알렐루야를 덧붙여 부르는 시편들 중에 하나를 외우면, 모든 이는 ("알렐루야"로) 응답할 것이다. 시편들을 외울 때에 모든 이가 "알렐루야" 하고 응답하는데, 이 말은 "하느님이신 분을 찬미합시다", 즉 "말씀만으로 온 세상을 창조하신 분께 영광과 찬미가 있어지이다"라는 뜻이다. 시편이 끝나면, (감독자는) 잔에 축복할 것이며, 그리고 (빵을 나누어) 그 조각을 모든 신자들에게 줄 것이다.

---

4. "혼합된 잔"(mixtum calicem): 물을 탄 포도주가 담긴 잔이라는 뜻이다.

26. (De cena communi)

Eᵃ

Et cum cenant, qui adsunt fideles sument de manu episcopi paululum panis antequam frangant proprium panem, quia eulogia est et non eucharistia sicut caro domini.

S(AEᵇ)

Cum autem manducat eum et alii fideles cum eo, accipiant de manu episcopi fragmentum (κλάσμα) panis unum, priusquam unusquisque frangat panem qui est coram se. Benedictio enim est et non eucharistia sicut corpus (σῶμα) domini.

L

... qui praesentis* estis, et ita aepulamini. Catecuminis vero panis exorcizatus detur et calicem singuli offerant.

S(AE)

Omnes autem priusquam bibant, decet ut sumant calicem et gratias agant (εὐχαριστεῖν) super eum, et bibant et manducent in puritate hoc modo. Catechumenis vero detur panis exorcismi (ἐξορκισμός) et calix.

---

1. S(AEᵇ)의 본문이 제23장에서 바로 제26장으로 넘어가기 때문에, 이 첫 문장에 나오는 두 개의 대명사("eum"과 "cum eo")를 제23장과 연관시켜 이해해야 한다. "eum"은 빵(panis)을 나타내며, "cum eo"는 감독자를 나타낸다. 따라서 이 문장은 "다른 신도들이 감독자와 함께 빵을 먹을 때에"를 뜻한다.
2. Eᵇ에는 "구운 빵"(cocti panis)으로 되어 있는데, 이 표현은 제22장(주 4 참조)에도 나온다.

26. (공동 저녁식사에 대하여)

Eᵃ

저녁식사 때에 참석한 신자들은, 먼저 감독자의 손으로부터 빵의 조각을 받은 다음 자기의 빵을 나눌 것이니, 이것은 축복받은 빵이지 주님의 몸인 성체가 아니기 때문이다.[3]

L

참석한 여러분은 이렇게 식사할 것이다. 예비자들에게는 구마된 빵[4]을 줄 것이며, 각자는 잔을 바칠 것이다.

S(AEᵇ)

다른 신도들이 그와 함께 그것을 먹을 때에,[1] 그들은 먼저 감독자의 손으로부터 빵[2]의 한 조각을 받은 다음, 각자 자기 앞에 있는 빵을 나눌 것이다. (이것은) 축복받은 빵이지 주님의 몸인 성체가 아니기 때문이다.

S(AE)

마시기 전에 먼저 잔을 들고 그것에 감사의 기도를 바칠 것이며, 그다음 모든 이는 순결한 (마음으로) 마시고 먹는 것이 합당하다. 예비자들에게는 구마의 빵과 잔을 줄 것이다.

---

3. 아가페 때 먹는 "축복받은 빵"(eulogia)과 성찬 전례 때 영하는 "성체"(eucharistia) 사이를 분명히 구별하는 대표적인 구절이다.

4. 아가페에서 신자들은 축복받은 빵(eulogia)을 받아 먹고, 예비자들은 구마된 빵(panis exorcizatus), 즉 구마의 축복을 받은 빵을 먹는데, 이러한 빵들의 차이는 각기 바쳐진 기도문의 차이에서 오는 것으로 보인다.

27. Quod non oportet ut catechumeni edant cum fidelibus

<table>
<tr><td align="center">L</td><td align="center">S(AE)</td></tr>
<tr><td valign="top">

Catecuminus in cena dominica non concumbat. Per omnem vero oblationem memor sit qui offert ejus qui illum vocavit; proptera enim depraecatus est ut ingrediatur sub tecto ejus.

</td><td valign="top">

Ne catechumeni accumbant in cena (δεῖπνον) domini cum fidelibus. Qui autem comedit faciat memoriam ejus qui illum vocavit quotiescumque comeditur. Proptera enim deprecatus est eos ut ingrediantur sub tectum ejus.

</td></tr>
</table>

---

1. "주님의 만찬"(cena dominica)은 아가페와 구별되는 성찬 전례를 뜻한다. 이 규정은 제26장의 규정과 모순되지 않는다: 아가페에서, 신자들에게는 축복받은 빵(eulogia), 예비자들에게는 구마된 빵을 나누어 준 다음 예비자들은 나가고 신자들만이 성찬 전례를 거행하는 것이다.

27. 예비자들이 신자들과 함께
식사해서는 안된다

<table>
<tr><td align="center">L</td><td align="center">S(AE)</td></tr>
<tr><td>

예비자는 주님의 만찬에 참여하지 못한다.[1] 봉헌예절 내내[2] 자리를 마련한 (주인은) 초대한 사람을 염두에 둘 것이니,[3] 왜냐하면 자기 집에 오도록 초청했기 때문이다.

</td><td>

예비자들은 신자들과 함께 주님의 만찬에 참여하지 못한다. 식사하는 사람은 자기를 초대한 (주인을) 매번 기억할 것이니, 왜냐하면 자기 집에 오도록 사람들을 초대했기 때문이다.

</td></tr>
</table>

---

2. "per omnem vero oblationem": 여기서 "omnem"은 봉헌 예절을 할 때마다 "매번"으로 이해할 수 있고, 한 봉헌 예절 "내내"로 이해할 수도 있다. S(AE)에서는 "quotiescumque"로 "매번"의 뜻을 분명히 하고 있다.

3. L과 S(AE) 사이에 주어와 목적어, 즉 주인과 손님이 뒤바뀌어 있다. 이것은, L의 번역자가 중간태인 προσφέρομαι 동사를 수동태로 이해하여 잘못 번역한 데서 오는 것으로 보인다.

28. Quod oportet ut comedant cum disciplina (ἐπιστήμη) et sufficientia

<table>
<tr><td align="center">L</td><td align="center">S(AE)</td></tr>
</table>

L	S(AE)
Edentes vero et bibentes cum honestate id agite et non ad ebrietatem, et non ut aliquis inrideat, aut tristetur, qui vocat vos, in vestra inquetudine, sed oret ut dignus efficiatur ut ingrediantur sancti ad eum. Vos enim, inquit, estis sal terrae.	Edentes autem et bibentes cum honestate, ne bibatis ut ebrii sitis, ita ut nemo irrideat vos et ut non contristetur (λυπεῖν), qui vocavit vos, in vestra dissolutione, sed ut oret ut sancti ingrediantur ad eum. Dixit enim: Vos estis sal terrae.
Si communiter vero omnibus oblatum fuerit quod dicitur graece apoforetum, accipite ab eo, Si autem ut omnes gustent sufficienter, gustate ut et superet, et quibuscumque voluerit qui vocavit vos mittat tamquam de reliquiis sanctorum et gaudeat in fiducia.	Si dantur vobis partes (μερίς) omnibus simul, accipies partem tuam tantum. Si autem invitati estis ut edatis, edetis ad sufficientiam vestram, ut quod supererit vobis, qui vocavit te mittat ad eos quod vult tamquam (ὡς) reliquias sanctorum, et gaudeat de adventu vestro ad eum.

---

1. 마태 5,13.

2. 라틴어 번역자도 적당한 용어를 찾지 못해 희랍어 "ἀποφόρητον"의 발음을 라틴어 식으로 그냥 표기했다. 이것은 주인이 손님들에게 집에 가지고 갈 수 있도록 내어놓은 선물을 말한다. L에서는, 주인이 "apoforetum"을 공동으로 내어놓으면

28. 절도있게 그리고 충분히 식사할 것이다

L

먹고 마실 때에는 절제있게 할 것이니, 술에 취해 남의 웃음거리가 되거나, 너희를 초대한 사람이 너희의 소란으로 인해 난처해지는 일이 없어야 한다. (집주인은) 자기 집에 성도(聖徒)들이 들어오기에 합당한 이로 여겨지도록 기도할 것이다. (주께서) 말씀하시기를 "여러분은 세상의 소금입니다"[1]라고 하셨기 때문이다.

만일 희랍어로 "apoforetum"[2]이라고 하는 것을 모두에게 공동으로 선물받았으면, 너희는 이를 받을 것이다. 모든 이가 충분히 맛볼 정도의 양이면, 맛을 보고 (어느 정도) 남겨둘 것이다. 그러면 너희를 초대한 (주인이) 원하는 사람들, 예를 들면, 다른 성도들에게도 보낼 수 있으며, 또 신뢰심을 갖고 기뻐하게 될 것이다.

S(AE)

절제있게 먹고 마실 것이다. 취할 정도로 마시지 말 것이니, 그래서 아무도 너희를 비웃거나, 너희를 초대한 사람이 너희의 방탕한 모습에 난처해지는 일이 없어야 한다. 오히려 (주인은) 자기 집에 성도들이 들어 오도록 기도할 것이다. (주께서) 말씀하시기를 "여러분은 세상의 소금입니다"라고 하셨기 때문이다.

만일 너희 모두에게 똑같이 몫이 배당되면, 네 몫만 받아라. 만일 식사에 초대받으면 충분히 먹되, 남은 것은 너를 초대한 (주인이) 원하는 사람들, 예를 들면 다른 성도들에게 보낼 수 있게 하여 그가 너희를 자기 집에 초대한 것을 기뻐하도록 할 것이다.

손님들은 각자 원하는 만큼 자유로이 가져가는 듯한데, S(AE)에서는 손님 각자의 몫이 이미 배당되어 있다.

Gustantes autem cum silentio percipiant qui vocati sunt, non contendentes verbis, sed qu<a>e hortatus fuerit episcopus et, si interrogaverit aliquit, respondeatur illi.

Et cum dixerit episcopus verbum, omnes* cum modestia laudans eum taceat, quandiu iterum interroget. Etiamsi absque episcopo in cena adfuerint fideles, praesente presbytero aut diacono similiter honeste percipiant. Festinet autem omnis sive a praesbytero sive a diacone accipere benedictionem de manu. Similiter et catecuminus exorcizatum it ipsut accipiat. Si laici fuerint in unum, cum moderatione agant. Laicus enim benedictionem facere non potes<t>.

Cum autem edent qui vocati sunt, edant autem in silentio, non in contentione; sed si episcopus permittit (ἐπιτρέπειν) alicui ut interroget de aliquo, respondeatur illi.

Et cum episcopus loquitur, omnes taceant cum moderatione donec interroget eos iterum. Si autem non est episcopus ibi, sed fideles tantum, in cena (δεῖπνον), accipiant eulogiam (εὐλογία) de manu presbyteri, si adest. Si autem non adest, accipiant de manu diaconi. Similiter (ὁμοίως) catechumeni accipiant panem exorcismi (ἐξορκισμός). Laici (λαϊκός) autem qui sunt simul sine clerico (κληρικός) comedant cum disciplina (ἐπιστήμη). Laicus (λαϊκός) enim non potest dare eulogiam (εὐλογία).

---

3. L의 "hortatus fuerit"(권고하는)는 문맥으로 보나, S에 보존되어 있는 "ἐπιτρέπειν"(허락하다)을 보나 잘못된 번역으로 보인다.

4. L의 "laudans eum"은 S(AE)에 삭제되어 있다. 이 말을 직역하면 "그분을 칭송하다"이지만, 문맥으로 보아, 감독자가 교훈적인 말을 하면, 신자들은 그 말을 귀담아 들으면서 감탄 내지 동의를 한다는 뜻이 내포되어 있다.

5. L은 여기서 "cum moderatione"(절도있게)라는 표현을 쓰는데, S는 희랍어 "ἐπιστήμη"(규율)를 보존하고 있다. 이어 언급되어 있는 규정, 즉 "평신도는 축복할 수 없다"는 규정에 따라 처신하라는 뜻이다.

초대받은 이들은 식사 동안에 논쟁을 벌이지 말고 조용히 먹을 것이나, 감독자가 권고하는[3] 것은 (예외이다). 그분이 무엇을 물어보면 그분께 대답할 것이다.

그리고 감독자가 말을 시작하면, 모든 이는 정중하게 그에게 동의하면서[4] 그가 다시 질문할 때까지 조용히 할 것이다. 비록 감독자가 저녁 식사에 참석하지 않고 장로나 봉사자가 참석한 가운데 신도들이 모여 있을 경우라 하더라도 마찬가지로 예모있게 식사할 것이다. 각자는 장로나 봉사자의 손으로부터 축복받은 (빵을) 받으러 다가갈 것이다. 같은 모양으로 예비자는 구마의 (빵을) 받을 것이다. 만일 평신도들(만이) 모여 있다면, 절도있게[5] 처신할 것이다. 왜냐하면 평신도는 축복할 수 없기 때문이다.

초대받은 이들은 식사 동안에 논쟁을 벌이지 말고 조용히 먹을 것이다. 그러나 감독자가 어떤 사람에게 무엇을 물어보도록 허락한 경우나, 그분께 대답하는 것은 (예외이다). 감독자가 말할 때에는 모든 이는 정중하게 침묵을 지킬 것이며, 그분이 다시 물을 때까지 (그렇게 할 것이다). 만일 감독자가 참석하지 않고 신자들만의 만찬이라면, 장로가 있을 경우에는 축복받은 빵을 그분의 손으로부터 받을 것이다. 만일 (장로도) 참석하지 않았으면 봉사자의 손으로부터 받을 것이다. 같은 모양으로 예비자들은 구마의 빵을 받을 것이다. 성직자 없이 평신도만 식사할 때에는 규율에 따라 할 것이다. 평신도는 축복을[6] 줄 수 없기 때문이다.

---

6. "εὐλογία"는 일반적으로 "축복"(benedictio)이란 뜻을 가지고 있고, 교회 안에서는 "축복받은 빵"을 지칭하기도 한다. 위에서 축복받은 빵의 분배 문제(감독자, 장로, 봉사자)에 대해 언급하고 있으므로, 여기서도 평신도에게 분배권을 제한하는 것으로 볼 수 있겠으나, L의 "benedictionem facere"(축복하다)와 연관시켜 보면 빵의 축복권에 대한 제한으로 볼 수도 있다. 평신도(λαϊκός)와 성직자(κληρικός)의 대비는, 후자의 해석, 즉 축복권의 제한을 더 암시하고 있다.

29. Quod oportet comedere cum gratiarum actione

L

Unusquisque in nomine d(omi)ni edat. Hoc eni(m) d(e)o placet, ut aemulatores etiam aput gentes simus, omnes similes et sobrii.

S(E)

Unusquisque comedat cum gratiarum actione in nomine dei. Hoc enim decet (πρέπειν) pietatem ut simus omnes sobrii (νήφειν) et gentes (ἔθνος) aemulentur nos.

---

1. L의 "similes"는 S에는 빠져 있는데, E의 에티오피아어 eruy는 "비슷함"이 아니라 "일치" 또는 "화목"을 뜻한다.

29. 감사의 기도를 바치고
식사해야 한다

<table>
<tr><td align="center">L</td><td align="center">S(E)</td></tr>
<tr><td>

각자는 주님의 이름으로 식사할 것이다. 우리 모두가 일치하여[1] 절제함으로써 이방인들에게 모범이[2] 되는 것이 하느님을 기쁘게 해드리는 일이기 때문이다.

</td><td>

각자는 하느님의 이름으로 감사의 기도를 바치고 식사할 것이다. 우리 모두가 절제하여 이방인들이 우리를 본받게 되는 것은 신심에 어울리는 일이기 때문이다.

</td></tr>
</table>

---

2. "aemulatores"(S: "aemulentur")는 열성적인 경쟁자가 된다는 뜻이다. 여기서는, 일치와 절제 면에 있어 이방인들과 경쟁하여 앞선다는 뜻을 갖고 있으므로 "모범"으로 번역하였다.

30. De cena (δεῖπνον) viduarum (χήρα)

L

Viduas, si quando quis vult ut aepulentur, jam maturas aetate, dimittat eas ante vesperam. Si autem no(n) potest propter clerum quem sortitus est, escas et vinum dans eis dimittat illas et aput semet ipsas, quomodo illis placet, de re sumescant.

S(AE)

Si quis vult aliquando invitare viduas (χήρα) omnis qui vetus est (*sic*), nutriat eas et dimittat priusquam vespere fiat. Et si non possunt propter clerum (κλῆρος) quem sortitae sunt (κληροῦν), det eis vinum et cibum et comedant in domibus suis quomodo volunt.

---

1. "omnis qui vetus est"에서 "omnis"가 주격이므로 문법상 "qui"와 연결되어 초대한 주인은 누구나 연로한 사람이어야 한다는 뜻이 되겠지만, 이러한 해석은 문맥으로 보아 맞지 않는다. "omnis" 앞에 꼼마를 넣어 독립구로 하면, "viduas"(과부들)에 대한 설명으로 볼 수 있다.

30. 과부들의 식사에 대하여

<table>
<tr><td align="center">L</td><td align="center">S(AE)</td></tr>
<tr><td>

만일 누가 이미 연로한 과부들을 식사에 초대하면, 저녁이 되기 전에 돌려보낼 것이다. 만일 맡은 교회 일[2] 때문에 초대할 수 없으면 그들에게 음식과 포도주를 주고 나서 돌려보낼 것이니, 그들은 그것들을 집에 가져가서 기쁘게 먹게 될 것이다.

</td><td>

만일 누가 어느 날 모두 연로한[1] 과부들을 초대하면, 그들을 대접하고 저녁이 되기 전에 돌려보낼 것이다. 만일 맡은 교회 일 때문에 초대할 수 없으면, 그들에게 포도주와 음식을 줄 것이니, 그들은 각자 자기 집에서 원하는 대로 먹게 될 것이다.

</td></tr>
</table>

---

2. "clerus"는 교회의 직책을 말하며 신분, 즉 사람을 말할 때에는 "clericus"를 사용한다(제28장 참조).

31. De fructibus (καρπός) quos oportet offerre (προσφέρειν) episcopo

L

Fructus natos primum quam incipiant eos omnes festinent offerre episcopo; qui autem offerit benedicat et nominet eum qui optulit dicens:

Gratias tibi agimus, d(eu)s, et offerimus tibi primitivas fructuum, quos dedisti nobis ad percipiendum, per verbum tuum enutriens ea, jubens terrae omnes fructus adferre ad laetitiam et nutrimentum hominum et omnibus animalibus.

S(AE)

Omnes solliciti sint (σπουδάζειν) offerre episcopo in tempore omni primitias (ἀπαρχή) fructuum (καρπός) prima germina (γέννημα). Episcopus autem accipiat cum gratiarum actione et benedicat eos et nominet (ὀνομάζειν) nomen ejus qui obtulit eos ad se.

Barberini gr. 336 (= G)

Εὐχαριστοῦμέν σοι, κύριε ὁ θεός, καὶ προσφέρομεν ἀπαρχὴν καρπῶν οὓς ἔδωκας ἡμῖν εἰς μετάληψιν τελεσφορῆσαι διὰ τοῦ λόγου σου καὶ κελεύσας καρποὺς παντοδαποὺς εἰς εὐφροσύνην καὶ τροφὴν τοῖς ἀνθρώποις καὶ παντὶ ζώῳ. Ἐν

---

1. "fructus" (καρπός)는 나무 열매, 즉 과일만 나타내는 것이 아니라 모든 소출을 의미한다. 사실 제32장에서 나무열매뿐 아니라 채소와 꽃들까지 열거하고 있다.
2. L의 첫 문장은 이해하기 불가능하다. 이것은, L의 번역자가 "ἀπαρχή"(만물)를 ἀπάρχῆς(ἀπο + ἀπρχῆς: 처음부터)로 잘못 읽고 그래서 "incipiant"(시작하다) 동사를 삽입한 듯하다.

31. 감독자에게 바쳐야 할 소출[1]에 대하여

<table>
<tr><td align="center">L</td><td align="center">S(AE)</td></tr>
</table>

모든 이는 (거두어들인) 소출의 맏물[2]을 감독자에게 서둘러 바칠 것이다. 그는 (이를) 봉헌하면서[3] (그들을) 축복할 것이며, (소출을) 바친 이의 이름을 말하고 이렇게 기도할 것이다:

모든 이는 (거두어들인) 소출의 맏물을 항상 감독자에게 정성껏 바칠 것이다. 감독자는 감사의 기도와 함께 (이를) 받고 그들을 축복하며, 자기에게 그것들을 바친 이의 이름을 거명할 것이다.

Barberini gr. 336(= G)

"하느님, 당신께 감사드리오며, 차지하라고 우리에게 주신 소출의 맏물을 당신께 봉헌하나이다. 당신은 당신 말씀을 통하여 이것들을 자라게 하셨으며, 인간과[5] 모든 동물들에게 기쁨과 양식을 주기 위해 땅에게 명하시어 갖가지 소출을 내게 하

"주 하느님,[4] 당신께 감사드리오며, 차지하라고 우리에게 주신 소출의 맏물을 당신께 봉헌하나이다. 당신은 당신의 말씀을 통하여 그것들을 자라게 하셨으며, 인간과 모든 생물에게 기쁨과 양식을 주기 위해 땅에게 명하시어 갖가지 소출을 내게 하

---

3. "qui autem offerit"의 희랍어 원문은 아마도 "ὁ δὲ προσφέρων"(현재 분사형)으로 보인다. 여기서 봉헌하는 이는 감독자이다.

4. 희랍어로 된 이 축복의 기도문은 가장 오래된 비잔틴 전례 기도서인 *Barberini grec.* 336(8세기 사본)에 보존되어 있다: 이 희랍어 본문과 라틴어 번역 사이에 별다른 차이점이 없음을 볼 수 있다.

5. "hominum": 문법적으로 복수 3격인 "hominibus"가 되든지 아니면 "generi(γένος) hominum"이 되어야 한다. S에서는 "γέος"가 보존되어 있다.

Super his omnibus laudamus te, d(eu)s, et in omnibus quibus nos jubasti*, adornans nobis omnem creaturam variis fructibus, per puerum tuum Je(su)m Chr(istu)m dom(inum) nostrum, per quem tibi gloria in saecula saeculorum. Amen.

πᾶσιν ὑμνοῦμέν σε, ὁ θεός, ἐπὶ πᾶσιν οἷς εὐηργέτησας ἡμῖν πᾶσαν κτίσιν πηλίκοις καρποῖς, διὰ τοῦ παιδός σου Ἰησοῦ Χριστοῦ τοῦ κυρίου ἡμῶν, δι' οὗ καὶ σοὶ ἡ δόξα εἰς τοὺς αἰῶνας τῶν αἰώνων. Ἀμήν.

셨나이다. 하느님, 당신의 아들 우리 주 예수 그리스도를 통하여 온 창조물을 갖가지 열매들로 꾸며 주시면서 우리에게 허락해 주신 이 모든 (은혜에) 대해 당신께 찬미드리나이다. 그분을 통하여 당신께 영광이 세세에 있어지이다. 아멘.”

셨나이다. 하느님, (이) 모든 것에 대해 당신을 찬미하오며, 당신의 아들 우리 주 예수 그리스도를 통하여 온 창조물을 갖가지 열매들로 꾸며 주신 모든 은혜에 대해 감사하나이다. 그분을 통하여 당신께 영광이 세세에 있어지이다. 아멘.”

32. Benedictio (εὐλογία) fructuum (καρπός)

L

Benedicuntur quidem fructus, id est uva, ficus, mala grania, oliva, pyrus, malum, sycaminum, persicum, ceraseum, amygdalum, damascena, non pepon, non melopepon, non cucumeres, non cepa, non aleus, nec aliut de aliis oleribus. Sed et aliquotiens et flores offeruntur. Offeratur ergo rosa et lilium, et alia vero non. In omnibus autem quae percipiuntu<r>, s(an)c(t)o d(e)o gratias agant in gloriam ejus percipientes.

S(AE)

Hi sunt fructus (καρπός) qui benedicuntur: uva, ficus, mala grania, oliva, pyrus (ἀπίδιον), malum, persicum (περσικόν), cerasium (κεράσιον), amygdalum (ἀμύγδαλον); non autem benedicuntur sycaminum, nec onio, nec allium, nec pepon (πέπων), nec melopepon (μηλοπέπων), nec cucumeres, nec aliud de oleribus (λάχανον). Si autem offeruntur (προσφέρειν) flores (ἄνθος), offerantur rosae et lilia (κρίνον), alia autem non offerantur. In omnibus autem quae comeduntur, gratias agant de eo deo et gustent ex eis glorificantes eum.

32. 소출에 대한 축복

L

소출들, 즉 포도, 무화과, 석류, 올리브, 배, 사과, 오디, 복숭아, 버찌, 아멘도오, 자두는 축복할 것이나, 수박, 멜론, 참외, 양파, 마늘 그리고 다른 채소들은 축복하지 말 것이다. 그리고 때때로 꽃들도 봉헌할 것이니, 장미와 백합은 봉헌하되 다른 것들은 봉헌하지 말 것이다. 무엇이든지 받게 되면, 거룩하신 하느님께 감사드리고, 그분의 영광을 위해 받을 것이다.

S(AE)

축복할 과일들은 이러하니, 포도, 무화과, 석류, 올리브, 배, 사과, 복숭아, 아멘도오이다. 그러나 오디, 양파, 마늘, 수박, 멜론, 참외 그리고 다른 채소들은 축복하지 말아야 한다. 만일 꽃들을 봉헌하려면 장미와 백합은 봉헌하되 다른 것들은 봉헌하지 말 것이다. 먹게 되는 모든 것에 대해 하느님께 감사드리고 그분께 영광을 드리면서 맛볼 것이다.

33. Quod non oportet ut quis gustet aliquid in pascha ante horam qua convenit comedere

L	S(AE)

Nemo in pascha, antequam oblatio fiat, percipiat. Nam qui ita agit, non illi inputatur jejunium. Si quis autem in utero habet et aegrotat et non potest duas dies jejunari, in sabbato jejunet propter necessitatem, contenens panem et aquam.

Si quis vero in navigio vel in aliqua necessitate constitutus ignoravit diem, hic cum dedicerit* hoc, post quinquagesimam reddat jejunium. Typus enim transiit, quapropter secundo mense cessavit, et debet quis facere jejunium cum veritatem dedicerit.

Non imputabitur jejunium (νησ-τεία) ad hujusmodi qui avidus est ante horam qua finitur jejunium (νηστεία). Si quis autem aegrotat et non potest jejunare (νηστεύειν) duos dies, jejunet (νηστεύειν) die sabbati propter necessitatem (ἀνάγκη). Sufficiat autem ei panis et aqua.

Et si quis in navigio est aut ignoravit diem paschae, det jejunium (νηστεία) post quinquagesimam (πεντηκοστή). Non est enim pascha quod custodimus <typus>; jam enim typus (τύ-πος) transiit, quapropter non dicimus in mense secundo; sed cum veritatem didicerit, incipiet jejunium (νηστεία).

---

1. 임신(in utero habet)과 아프다는 것(aegrotat)이 "et"로 연결되어 있어, 임신한 여자가 아픈 경우를 말하는 것처럼 보이지만, 문맥상 두 가지 경우로 구별해야 할 것이다.

2. 일반적으로 "단식하다"(jejunare)는 두 가지 방식, 즉 식사 시간의 연기와 식사의 질 또는 식사량의 축소로 이루어진다.

3. L에는 빠져 있으나, S(E)에는 수록되어 있는 "non est enim pascha quod custodimus"는 이해하기 어렵다: 직역하면, "우리가 지키는 것은 빠스카가 아니다"이다. 그

33. 빠스카절에, 정해진 식사시간 이전에 식사해서는 안된다

L

S(AE)

빠스카절에, 봉헌 (예절을) 하기 전에는 아무도 무엇을 먹어서는 안되니, 그렇게 하는 사람은 단식을 하지 않은 것으로 간주되기 때문이다. 만일 누가 임신하였거나 아파서[1] 이틀간 단식할 수 없으면, 필연코 토요일에는 빵과 물로 만족하면서 단식할 것이다.[2] 만일 누가 항해중에 있거나 어떤 긴급한 사정에 처해 있어 (빠스카절의) 날짜를 몰랐다가 (후에) 이 사실을 알게 되었으면, 오순절 후에 단식을 이행할 것이다. 사실 예형은 지나갔으며 둘째 달에 끝났으니,[4] 그가 사실을 알게 되었을 때 단식을 해야 한다.

단식이 끝나는 시간 이전에 탐식하는 사람은, 이러한 방법으로는 단식을 이행한 것으로 간주되지 않는다. 만일 누가 아파서 이틀간 단식할 수 없으면, 필연코 토요일에는 단식할 것이다. 그에게는 빵과 물이면 충분하다. 만일 누가 항해중에 있거나 빠스카의 날짜를 몰랐다면 오순절 후에 단식할 것이다. 우리가 지키는 빠스카는 〈예형이〉 아니다.[3] 사실 예형은 이미 지나갔으며, 둘째 달에는 (그것을) 말하지 않기 때문이다. 그러나 사실을 알게 될 때에는 단식하기 시작할 것이다.

리스도교 안에 이런 표현이 있을 수 없으므로, B. Botte는 ‹typus› 단어가 빠졌을 것으로 보고 이를 삽입하였다. 여기서 의도하는 내용은 이러하다: 우리가 지키는 (신약의 참된) 빠스카는 예형에 불과한 유다인들의 빠스카가 아니다.

4. "둘째 달"(secundo mense)에 대해서는 이렇게 설명할 수 있다: 유다인들은 첫째 달인 니산달 14일에 빠스카를 거행하였는데, 이날 시체에 몸이 닿아 부정을 탔거나 먼 길을 떠나 과월절을 지킬 수 없는 경우에는 한 달 후인 둘째 달 14일에 과월절을 지켜야 했다(민수 9,6-13; 2역대 30,1-5 참조). 그리스도 신자들은 오순절(성령강림절)로 끝나는 부활시기 동안에는 단식을 해서는 안되므로 오순절 후에 해야 한다.

34.Quod oportet diaconos ad episcopum instare (προσκαρτερεῖν)

L

Diaconus vero unusquisque cum subdiac<o>nibus ad episcopum observent. Suggeretur etiam illi qui infirmantur, ut, si placuerit episcopo, visitet eos. Valde enim oblectatur infirmus cum memor ejus fuerit princeps sacerdotum.

S(AE)

Unusquisque diaconorum cum subdiaconis instent (προσκαρτε⁻ρεῖν) ad episcopum et moneant eum quis infirmus sit, ut, si placuerit (δοκεῖν) episcopo, visitet infirmos. Infirmi enim consolantur cum vident summum sacerdotem (ἀρχιερεύς) visitare eos et recordari eorum.

34. 봉사자들은 감독자를
보좌해야 한다

L

봉사자는 누구나 부(副)봉사자들과 함께 감독자를 도울 것이다. 병자들을 그에게 알려 주어 그가 편리할 때에 그들을 방문할 수 있게 할 것이다. 사실 병자는, 사제들의 으뜸[1]께서 자기를 기억하고 있을 때, 매우 기뻐하게 될 것이다.

S(AE)

봉사자는 누구나 부봉사자들과 함께 감독자를 도울 것이며, 병자를 그에게 알려 주어 그가 편리할 때에 그들을 방문할 수 있게 할 것이다. 사실 병자들은, 대사제가 자신들을 방문하고 기억하고 있다는 것을 보게 될 때 위로를 받게 될 것이다.

---

1. L의 "사제들의 으뜸"(princeps sacerdotum)과 S의 "대사제"(summum sacerdotem = ἀρχιερεύς)는 감독자(episcopus)를 말한다.

35. De tempore quo oportet orare

L

Fideles vero mox cum expergefacti fuerint et surrexerint, antequam oper<a>e suae contingant, orent d(eu)m et sic jam ad opus suum properent. Si qua autem per verbum catecizatio fit, praeponat hoc ut pergat et audiat verbum d(e)i ad confortationem animae suae. Festinet autem et ad ecclesiam, ubi floret sp(iritu)s.

S(AE)

Fideles autem omnes tempore quo expergefacti sunt, antequam manum mittant ad aliquam rem, orent dominum et hoc modo accedant ad opus suum. Si autem verbum instructionis (κατήχησις) fit, praeponant pergere et audire verbum dei, ut confortent animam (ψυχή) suam. Solliciti sint (σπουδάζειν) autem ire ad ecclesiam, ubi floret spiritus.

---

1. 같은 제목과 내용이 제41장에 반복되어 나온다.

35. 기도를 바쳐야 할 때에 대하여[1]

<table>
<tr><th>L</th><th>S(AE)</th></tr>
</table>

L	S(AE)
신자들은 (잠에서) 깨어나 일어나자마자, 자기 일을 시작하기에 앞서, 하느님께 기도하고, 그다음 자기 일을 하러 갈 것이다. 만일 (하느님의) 말씀에 대한 교리강습이 있으면, 자기 영혼을 강화하기 위하여 하느님의 말씀을 들으러 가는 것을 중히 여길 것이다. 교회에 서둘러 갈 것이니, 그곳에서 영이 꽃피게 될 것이다.[2]	모든 신자들은 (잠에서) 일어나는 시간에, 어떤 일을 착수하기에 앞서, 주님께 기도하고, 그다음 자기 일을 하러 갈 것이다. 만일 교리강습의 말씀이 있으면, 자기 영혼을 강화하기 위해 하느님의 말씀을 들으러 가는 것을 중히 여길 것이다. 교회에 가는 데 열성을 다할 것이니, 그곳에서 영이 꽃피게 될 것이다.

---

2. "spiritus"(πνεῦμα)는 성서에서 세 가지 의미로 사용되는데, 즉 성령 자신, 그분이 주시는 은사, 인간의 영(靈)을 나타낸다. 이 인간의 영은 영혼(anima)과 구별되며, 사람을 하느님께로 향하게 하는 성령의 역사하심을 말한다. 여기서는 spiritus를 인간의 영 쪽으로 이해하는 듯하다. 즉, 인간의 영은 교리강습을 듣게 되는 교회 안에서 성장하고 결실을 맺게 된다는 뜻이다.

36. Quod oportet percipere ex eucharistia (εὐχαριστία) primum, quotiescumque offertur, antequam aliquid aliud gustetur

L

Omnis autem fidelis festinet, antequam aliquid aliut gustet, eucharistiam percipere. Si enim ex fide percipit, etiamsi mortale quodcumque <d>atum illi fuerit, post hoc non potest eum nocere.

Ochrid 86

Πᾶς δὲ πιστὸς πειράσθω πρὸ τοῦ τινος γεύσασθαι, εὐχαριστίας μεταλαμβάνειν. Εἰ γὰρ πίστει μεταλάβοι, οὐδ' ἂν θανάσιμόν τις δώῃ αὐτῷ μετὰ τοῦτο οὐ κατισχύσει αὐτοῦ.

---

1. 세 번에 걸쳐 사용된 "percipere"(제목의 "percipere"와 아래의 "percipit")는 성체를 "영하다"로 이해해야 할 것이다. 한편 B. Botte는 제37장과 연관시켜, 자기 집에 모셔 두기 위해 성체를 "받다"로 이해할 수 있다고 한다. 그러나 제목의 내용과 "치명적인 무엇이 … 해를 끼칠 수 없다"는 내용을 고려하면 "영하다"의 뜻으로 보는 것이 타당할 것이다.

36. 봉헌 (예절이) 있을 때마다
다른 어떤 것을 먹기 전에
성체를 영해야 한다

<table>
<tr><td align="center">L</td><td align="center">Ochrid 86</td></tr>
</table>

모든 신자는, 어떤 다른 것을 먹기 전에 성체를 영하러[1] 서둘러 가야 한다. 만일 믿음으로 (이를) 영하면, 치명적인 무엇이[2] 그에게 주어진다 하더라도, 이후에 그에게 아무런 해를 끼칠 수 없다.	모든 신자는 무엇을 먹기 전에 성체를 영하러 서둘러 가야 한다. 만일 믿음으로 (이를) 영하면, 치명적인 무엇이 그에게 주어진다 하더라도 이후에 그에게 아무런 해를 끼치지 못할 것이다.

---

2. "치명적인 것"(mortale quodcumque)은 죽음을 가져오는 독 같은 것을 말한다.

37. Quod oportet custodire diligenter eucharistiam (εὐχαριστία)

L

Omnis autem festinet ut non infidelis gustet de eucharistia, aut ne sorix aut animal aliud, aut ne quid cadeat et pereat de eo. Corpus enim est Chr(ist)i edendum credentibus et non contemnendum.

S(AE)

Unusquisque curam habeat diligenter ut nullus infidelis (ἄπιστος) comedat ex eucharistia (εὐχαριστία), aut sorix aut aliud animal, aut ne quid aliud omnino (ὅλως) cadat ex ea et pereat. Corpus (σῶμα) est Christi ex quo credentes (-πιστός) omnes percipiunt et non oportet contemnere (καταφρονεῖν) illud

37. 성체를 잘 보관해야 한다[1]

<table>
<tr><td align="center">L</td><td align="center">S(AE)</td></tr>
</table>

L	S(AE)
모든 이는 미신자나 쥐나 다른 짐승이 성체를 먹는 일이 없도록 유의할 것이며, (성체의) 어떤 것도 떨어뜨리거나 잃어버리는 일이 없도록 할 것이다. 왜냐하면 (성체는), 신자들이 영해야 할 그리스도의 몸이므로 천시해서는 안된다.	각자는, 미신자나 쥐나 다른 짐승이 성체를 먹는 일이 없도록 각별히 유의할 것이며, 또 (성체의) 어떤 것도 떨어뜨리거나 잃어버리는 일이 절대로 없도록 할 것이다. (성체는) 모든 신자가 영하는 그리스도의 몸이므로 그것을 천시해서는 안된다.

---

1. 이 장의 규정은, 신자들이 성체를 가정에 모셔 두고 영할 수 있음을 전제로 하고 있으며, 이러한 관습은 떼르뚤리아누스의 저서 「아내에게」(Ad uxorem) 2,5에서도 나온다.

38. Quod non oportet aliquid cadere ex calice (ποτήριον)

L

<Calicem> in nomine enim d(e)i benedicens accepisti quasi antitypum sanguinis Chr(ist)i. Quapropter nolite* effundere, ut non sp(iritu)s alienus, velut te contemnente, illud delingat. Reus eris sanguinis tamquam qui spernit prae[pu]tium quo[d] conparatus est.

S(AE)

Cum enim benedixisti calicem (ποτήριον), in nomine dei accepisti ex eo ut (ὡς) qui est sanguis Christi. Cave ne effundas ex eo, ne spiritus (πνεῦμα) alienus (ἀλλότριος) illum delingat ita ut deus irritetur contra te ut (ὡς) qui contemnis (καταφρονεῖν) et reus (αἴτιος) eris sanguinis Christi, quia sprevisti pretium illud quo comparatus es.

---

1. "antitypum"(표상)은 희랍어 ἀντίτυπος를 발음대로 표기한 것이며, 제21장(주 15 참조)에서도 같은 단어를 빵(성체)에 적용하여 사용하였으며, 그리스도의 현존을 나타낸다.

38. 잔에서부터 아무 것도 떨어뜨려서는 안된다

<table>
<tr><td align="center">L</td><td align="center">S(AE)</td></tr>
</table>

하느님의 이름으로 (잔을) 축성할 때에, 너는 그것을 그리스도의 피의 표상[1]으로 받게 된다. 그러므로 쏟아 뜨리지 않도록 조심할 것이다. 그래서 네가 경멸했던 것처럼 이질적인 영[2]이 그것을 핥게 되는 일이 일어나지 않도록 할 것이다. 너는 그분이 지불하신 그 값을[3] 업수이 여긴 자로서 그 피에 대한 죄인이 될 것이다.

하느님의 이름으로 잔을 축성할 때에, 너는 그 잔으로부터 그리스도의 피를 받게 된다. 잔을 쏟아 이질적인 영이 그것을 핥게 되는 일이 없도록 조심할 것이다. 그렇지 않으면 하느님께서는 이를 경멸한 너를 거슬러 분노하실 것이다. 또 너는 속량된 그 값을 업수이 여겼기 때문에 그리스도의 피에 대한 죄인이 될 것이다.

---

2. "이질적인"(ἀλλότριος) 영이란 악령을 말한다: 제20장 주 4; 제21장 주 3 참조.

3. 여기서 그리스도의 피는 인류 구원을 위한 대속의 값으로 묘사되어 있다. 즉, 인간 스스로 죄를 보상할 값을 지불할 수 없기 때문에 그리스도께서 당신 피로 그 값을 대신 지불하셨다는 구원론적 의미를 갖고 있다.

39. (De diaconis et presbyteris)

S(AE)

Diaconi autem (δέ) et presbyteri congregentur quotidie in locum quem episcopus praecipiet eis. Et diaconi quidem (μέν) ne negligant (ἀμελεῖν) congregari in tempore omni, nisi infirmitas impediat (κωλύειν) eos. Cum congregati sunt omnes, doceant illos qui sunt in ecclesia, et hoc modo cum oraverint, unusquisque eat ad opera quae competunt ei.

40. De locis sepulturae

S(AE)

Ne gravetur (βαρεῖν) homo ad sepeliendum hominem in coemeteriis (κοιμητήριον): res enim est omnis pauperis. Sed (πλήν) detur merces operarii (ἐργάτης) ei qui effodit et pretium laterum (κέραμος). Qui sunt in loco illo et qui curam habent, episcopus nutriat eos ut nemo gravetur ex eis qui veniunt ad haec loca (τόπος).

---

1. S에는 제목 없이 제38장에 연결되어 있는 반면, A, E에는 고유한 번호와 함께 이 제목이 붙어 있는데, 통상적인 표제와는 달리 구체성이 결여되어 있다.
2. 이 모임은 아침에 있었던 것으로 보이는데, 왜냐하면 이 모임 후에 각자 맡은 일을 하러 가기 때문이다. B.Botte는 "in tempore omni"(매번) 대신 어떤 구체적인 시간이 제시되었을 것으로 보고 있다.

39. (봉사자들과 장로들에 대하여)[1]

S(AE)

봉사자들과 장로들은, 감독자가 그들에게 명한 장소에 매일 모일 것이다. 봉사자들은 병으로 불가능한 경우를 제외하고는 매번 모이는 데[2]에 게을리 하지 말 것이다. 모든 이가 모이면 교회 안에 있는 사람들을 가르치고, 기도한 다음 각자 자기에게 맡겨진 일을 하러 갈 것이다.

40. 장지(葬地)에 대하여

S(AE)

공동묘지에 사람을 장사지내는 데에 과중한 부담을 주지 않도록 할 것이니, 이는 모든 가난한 사람들에게 관계되는 일이기 때문이다.[3] 그러나 무덤을 파는 인부의 품삯과 벽돌들의 값은 지불해야 한다. 감독자는, 그곳에 상주하면서 (묘지를) 관리하는 사람들을 부양하여,[4] 이곳에 오는 어떤 사람에게도 과중한 부담을 주는 일이 없도록 할 것이다.

---

3. 이 규정은, 교회가 공동묘지를 갖고 있을 뿐 아니라 관리인까지 두었음을 암시한다. 교회묘지 운영 방법에 대하여, P. Testini, *Archeologia cristiana*, Città di Castello 1958, 150-158 참조.

4. A, E("ex eo quod traditur ecclesiis" = 교회에 바쳐진 것으로)와 T("ex oblationibus ecclesiae" = 교회의 헌금으로)에서는 감독자가 묘지 관리인들을 부양할 수 있는 재원을 밝히고 있다.

41. De tempore quo oportet orare

S(AE)

Fidelis autem omnis et (mulier) fidelis (πιστή), cum surrexerint mane e somno, priusquam tangant quodcumque opus, lavent manus suas et orent deum, et hoc modo accedent ad opus suum. Si autem instructio (κατήχησις) fit et verbum dei fit, eligat unusquisque ut pergat ad locum illum, dum aestimat in corde suo quod deus est quem audit in eo qui instruit (κατηχεῖσθαι).

Qui enim orat in ecclesia poterit praeterire (παρελθεῖν) malitiam (κακία) diei. Qui timet putet magnum malum esse si non vadit ad locum ubi instructio (κατήχησις) fit, praesertim (μάλιστα) autem si potest legere vel si doctor venit. Nemo ex vobis tardus sit in ecclesia, locus ubi docetur. Tunc (τότε) dabitur ei qui loquitur ut dicat ea quae utilia sunt unicuique, et audies quae non cogitas, et proficies (ὠφελεῖν) in iis quae spiritus sanctus dabit tibi per eum qui instruit (κατηχεῖσθαι). Hoc modo fides (πίστις) tua firmabitur super ea quae audieris. Dicetur autem tibi etiam in illo loco quae oportet ut facias in domo tua. Propterea unusquisque sollicitus sit (σπουδάζειν) ire ad ecclesiam, locum ubi spiritus sanctus floret. Si dies est in qua non est instructio (κατήχησις), cum unusquisque in domo sua erit, accipiat librum sanctum et legat in eo sufficienter quod videtur (δοκεῖν) ei ferre utilitatem.

---

1. 제목뿐만 아니라 이 장의 첫 대목은 제35장을 거의 글자대로 반복하고 있다.

2. "Fidelis autem omnis et fidelis": 라틴어 "fidelis" 형용사의 남성과 여성 1격이 같아서 서로 구별이 되지 않기 때문에 둘째 "fidelis" 앞에 "mulier"가 삽입되어야 했는데, C 32,18(Ep)에 나오는 희랍어 본문(πᾶς πιστὸς ἤ πιστή)에서는 남녀 신자가 분명히 구별된다.

3. S의 "si autem instructio fit et verbum dei fit"(강습이 있고 하느님의 말씀이 있으면)의 문장 구조가 매우 어색하다. A의 "sit fit ibi verbum instructionis"와 E의 "si dicitur eis verbum instructionis ubi sit"는 C의 "εἰ δὲ τις λόγου κατηχήσις

41. 기도를 바쳐야 할 때에 대하여[1]

S(AE)

남녀 모든 신자들[2]은 아침에 잠에서 일어나 일을 시작하기에 앞서 자기 손을 씻고 하느님께 기도한 다음 자기 일을 (하러) 갈 것이다. 만일 하느님의 말씀에 대한 강습이 있으면,[3] 가르치는 사람을 통하여 자기가 듣고 있는 분은 바로 하느님이시라는 사실을 자기 마음 속으로 생각하면서 그곳에 가는 쪽을 택할 것이다.

교회에서 기도하는 사람은 그날의 불행을 피할 수 있을 것이다. (하느님을) 두려워하는 사람은 강습이 있는 곳에 가지 않는 것이 크나큰 잘못이 된다고 생각할 것이다. 특히 읽을 줄 아는 사람이거나 또는 교사가 오는 경우라면[4] (더욱 그러하다). 너희 중에 아무도 강습이 있는 곳인 교회에 늦지 않도록 할 것이다. 말할 기회가 주어지면, 그는 누구에게나 유익한 것을 말해야 한다. 너는 네가 생각지 못한 것을 듣게 될 것이며, 가르치는 사람을 통해 성령께서 너에게 전해 주시는 것들에서 유익을 얻게 될 것이다. 이렇게 해서 너의 믿음은 들은 내용들의 (토대) 위에 굳세어지게 될 것이다. 그곳에서는 네가 집에서 해야 할 것들에 대해서도 가르쳐 줄 것이다. 그러므로 모든 이는, 영이 꽃피게 되는 곳인 교회에 가는 데에 열성을 다할 것이다.[5] 만일 강습이 없는 날이면 각자는 자기 집에서 거룩한 책을[6] 펴들고 유익되다고 여겨질 때까지 충분히 독서할 것이다.

γένηται”에 더 가깝다.

4. 여기에 열거된 두 가지 경우들이 의도하는 바가 불분명하다; A, E는 둘째 경우(“vel si doctor venit”)를 삭제하였다. 첫째 경우(“특히 읽을 줄 아는 사람이라면”)에서도 부정형(“읽을 줄 모르는”)이 오히려 더 적절한 것 같다: 즉, 책을 읽을 줄 모르기 때문에 강습에 더 가야 하기 때문이다.

5. 제35장(주 2 참조)에도 똑같은 표현이 나온다.

6. “거룩한 책”(librum sanctum)은 성경을 말한다.

Et si quidem es in domo tua, ora tempore horae tertiae et benedic
deum. Si quidem es in alio loco in hoc momento temporis (καιρός),
ora in corde tuo deum. In hac enim hora visus est Christus cum
fixus est in ligno. Propterea etiam in veteri (παλαιά), lex (νόμος)
praecepit ut offerretur panis propositionis (πρόθεσις) in omni
tempore, ut typus (τύπος) corporis (σῶμα) et sanguinis Christi; et
immolatio agni irrationalis (ἄλογος) est typus (τύπος) agni perfecti
(τέλειος). Pastor enim est Christus, est etiam panis qui descendit
de caelo.

Ora etiam similiter (ὁμοίως) tempore horae sextae. Cum enim
affixus est Christus in ligno crucis (σταυρός), dies ille divisus est et
factae sunt tenebrae magnae. Itaque (ὥστε) orent in illa hora
oratione potenti, imitantes vocem ejus qui orabat et creationem
(κτίσις) omnem fecit tenebras pro incredulis Judaeis.

Faciant autem etiam magnam precem et magnam benedictionem
tempore horae nonae ut scias modum quod anima (ψυχή) justorum
(δίκαιος) benedicit

<table>
<tr><td align="center">L</td><td align="center">S(AE)</td></tr>
<tr><td>d(eu)m qui non mentitur, qui
memur* fuit sanctorum suorum
et emisit verbum suum inlumi-</td><td>dominum deum veritatis, qui
memor fuit sanctorum et misit
filium suum, hoc est verbum</td></tr>
</table>

---

7. 마르 15,25 참조.

8. S의 "in omni tempore"(언제나)는 잘못된 것으로 보이며, A, E에 따라 "hora tertia"
(제3시)로 바꾸어야 할 것이다. 이와 비슷한 문제가 제39장(주 2 참조)에도 있다.

9. "이유 없이 희생당한 어린양"은 구약의 빠스카 양을 말하며, "완전한 어린양"은
신약의 그리스도를 뜻한다.

10. 제3시 기도에서는 그냥 "나무"(ligno)라고 하였는데, 여기서는 "십자 나무"(ligno
crucis)라고 명확하게 표현하고 있다.

11. 마르 15,33; 마태 27,45; 루가 23,44에 의하면 제6시부터 제9시까지 온 땅이
어둠에 덮였다고 한다.

만일 네 집에 있을 때라면, 제3시에 기도하고 하느님을 찬양하여라. 만일 이 시간에 다른 곳에 있게 되면 마음 속으로 하느님께 기도하여라. 사실 그리스도께서 이 시간에 나무에 매달리신 것으로 여겨지기 때문이다.[7] 또 구약의 율법에서도 그리스도의 몸과 피의 예표가 되는 제물의 빵을 언제나[8] (제3시에) 바치도록 규정하고 있다. 그리고 이유 없이 희생당한 어린양은 완전한 어린양의[9] 예표이다. 사실 그리스도는 목자이시며 또한 하늘에서 내려온 빵이시기 때문이다.

마찬가지로 제6시에도 기도할 것이다. 왜냐하면 그리스도께서 십자 나무[10]에 매달려 계실 때에 낮이 갈라져서 극심한 어둠이 덮였기 때문이다.[11] 그러므로, 친히 기도하셨고 믿지 않는 유다인들을 위해 온 세상을 어둡게 하신 분의 소리를 본받아 이 시간에 간절한 기도를 바칠 것이다.

의인들의 영혼이 (하느님을) 찬미하는 모습을 본받기[12] 위해서 제9시에 간절한 간청과 장엄한 찬미를 바칠 것이다.

<table>
<tr><td align="center">L</td><td align="center">S(AE)</td></tr>
</table>

L	S(AE)
하느님은 거짓말을 하지 않으시고 당신 성도들을 기억하시어 그들을 비추시기 위해 당신 말씀을 보내 주	진리의 주 하느님은 성도들을 기억하시어 당신 아들을 보내셨는데, 이분이 그들을 비추시는 그분의[13] 말씀

---

12. S의 "ut sciat"(알기 위하여)는 잘못된 것으로 보인다. E에서는 "ut uniatur laus cum animis justorum"(의인들의 영혼과 함께 찬미소리를 합치기 위하여)으로 되어 있고, T에서는 "ad imitationem animarum"(영혼들을 본받기 위해)으로 되어 있다. 문맥상 T에 나오는 "본받기 위해"(ad imitationem)가 타당할 것 같다. 한편, 의인들이 바치는 기도는 성 이레네우스가 *Adv. Haer.* IV,22(PG 7,1046)에 인용한 외경을 암시하고 있다: 그리스도께서 제9시에 십자가에서 돌아가시어, 고성소에 있는 의인들을 구원하러 내려가셨는데, 구약의 의인들은 이를 애타게 고대하고 있었다는 것이다.

13. "이분"(hoc)은 그리스도이시며, "그분의"(suum)는 성부를 말한다. 즉, 그리스도는 하느님 아버지의 말씀이시다.

nantem eos. Illa ergo hora in
latere Chr(istu)s punctus a-
quam et sanguem effudit et
reliquum temporis diei inlumi-
nans ad vesperam deduxit.
Unde incipiens dormire pri(n)-
cipium alterius diei faciens
imaginem resurrectionis con-
plevit.

Ora etiam antequam corpus cu-
bile* requiescat. Circa mediam
vero noctem exurgens lava
manus aqua et ora. Si autem et
conjunx tua praesens est, utri-
que simul orate; sin vero nec-
dum est fidelis, in alio cubiculo
secedens ora et iterum ad
cubilem tuum revertere. Noli
autem piger esse ad oran-
du(m). Qui in nuptias ligatus
est non est inquinatus.

Qui enim loti sunt non habent
necessitatem lavandi iterum
quia mundi sunt. Per consigna-
tionem cum udo flatu et per
manum sp(iritu)m* amplec-

(λόγος) suum qui illuminet eos.
In illa enim hora cum Christus
punctus est in latere lancea
(λόγχη) exivit sanguis et aqua,
et postea fecit lucem super reli-
quum diei usque ad vesperam.
Propterea tu quoque cum vadis
ad dormiendum incipis (ἄρχεσ-
θαι) diem alterum et facis
typum (τύπος) resurrectionis
(ἀνάστασις).
Ora etiam antequam requiescas
(ἀναπαύειν) in lecto cubiculi
tui. Cum surgis media nocte a
lecto tuo, lavare et ora. Lavabe-
ris autem aqua pura. Si autem
est tibi mulier ibi, orate simul.
Si autem nondum est fidelis
(πιστή), recede (ἀναχωρεῖν) in
locum et orabis solus, et
reverteris ad locum tuum. Tu
autem qui ligatus es in matri-
monio (γάμος) ne haesites
orare, quia non estis inquinati.
Qui enim loti sunt non habent
necessitatem (χρεία) lavandi
iterum quia sunt mundi et puri
(καθαρός). Cum insufflas in
manum tuam et signaris (σφρα-

---

14. 요한 19,34 참조.
15. 요즘과 달리, 당시의 날짜 계산법은 해지는 시간(versper)부터 새로운 하루가 시

셨다. 그 시간에 그리스도께서는 옆구리를 찔리시어 물과 피를 쏟으셨고,[14] 저녁이 될 때까지 그 날의 남은 시간을 비추셨다. 그러므로 잠자기 시작할 때에, 너는 이미 다음날을 시작하면서 부활의 모상을 이루는 것이다.

침대에서 육신을 쉬기 전에도 기도할 것이다. 한밤중에 일어나 물로 손을 씻고 기도할 것이다. 만일 네 아내가 있다면 둘이서 같이 기도할 것이다. 그러나 만일 그녀가 아직 신자가 아니면, 다른 방에 가서 기도한 다음 네 침대로 다시 돌아올 것이다. 기도하는 데에 게으름을 피우지 말아라. 결혼생활에 매여 있는 사람은 부정한 사람이 아니다.[16]

목욕한 사람들은 다시 씻을 필요가 없으니, (이미) 깨끗하기 때문이다.[17] 손으로 영을 받으면서 축축한

이시다. 그 시간에 그리스도께서 창으로 옆구리를 찔리시자 피와 물이 흘러나왔고, 그후 저녁때까지 그 날의 남은 시간을 비추셨다. 그러므로 잠자러 갈 때에 너는 (이미) 다음날을 시작하며 부활의 모상을 이행하는 것이다.[15]

네 방의 침대에서 쉬기 전에도 기도할 것이다. 한밤중에 네 침대에서 일어나 씻고 기도할 것이다. 깨끗한 물로 씻을 것이다. 만일 너에게 아내가 있다면, 함께 기도할 것이다. 그러나 만일 그녀가 아직 신자가 아니면, (다른) 곳에 가서 홀로 기도하고 네 잠자리로 돌아올 것이다. 결혼생활에 매여 있다 하더라도 기도하기를 주저하지 말 것이니, 너희는 부정한 사람이 아니기 때문이다. 목욕한 사람들은 다시 씻을 필요가 없으니, (이미) 깨끗하고 정결하기 때문이다. 네 손에 입김을 불고 네

작된다. "부활의 모상"(imaginem = τύπος): 잠은 죽음을 의미하며 아침에 일어남은 부활을 의미하는데, 부활은 죽음을 전제로 한다. 사실 아래에서 보듯이, 아침에 일어날 때 부활에 대한 희망을 갖고 그 날을 고대한다.

16. 당시 영지주의 계통의 이단에서는 결혼생활을 부정한 것으로 보아 결혼을 금지하였는데, 이를 반박하는 것으로 보인다.

17. 요한 13,10 참조.

tens, corp(u)s tuu(m) usque ad pedes sanctificatum est. Donum enim sp(iritu)s et infusio lavacri, sicuti ex fonte corde credente cum offertur, sanctificat eum qui credidit. Hac igitur hora necessarium est orare.

Nam et hi qui tradiderunt nobis seniores ita nos docuerunt quia hac <h>ora omnis creatura quiescit ad momentum quoddam, ut laudent dom(inum), stellas et arbusta et aquas stare in ictu, et omne agmen angelorum ministrat* ei in hac <h>ora una cum justorum animabus laudare d(eu)m. Quapropter debent hii qui credunt festinare hac <h>ora orare.

γίζειν) cum sputo ex ore tuo, purus es totus usque ad pedes. Donum (δῶρον) enim est hoc spiritus sancti et guttae sunt aquae baptismatis quae exeunt ex fonte (πηγή), hoc est, corde fideli, quae purificant eos qui credunt. Necessarium (ἀναγκαῖον) autem est etiam orare in hac hora.

Etenim ipsi seniores (πρεσβύτεροs) tradiderunt nobis etiam hanc rem et docuerunt nos hoc modo quia in hoc tempore creatura omnis quiescit ad laudem dei; stellae et arbusta et aquae sunt quasi stantes et omne agmen (στρατία) angelorum (ἄγγελοs) ministrat (λειτουργεῖν) ei cum animabus (ψυχή) justorum (δίκαιοs) et laudat (ὑμενεῖν) deum omnipotentem (παντοκράτωρ) in hoc tempore. Propterea oportet eos qui credunt (πιστεύειν) orare in hac hora.

---

18. 이러한 동작은, 예수께서 제자들에게 숨을 내쉬시며 성령을 주셨던 사실(요한 20,22)을 연상케 한다.

19. 물리적으로 입김과 침이 연관이 있겠지만, 예수께서 태생 소경을 고쳐 주실 때 침을 뱉어 흙을 개어서 소경의 눈에 바르신 사실을 연상케 한다(요한 9,6 참조).

입김으로[18] (네 자신에) 십자 표시를 하면 네 몸은 발까지 성화될 것이다. 왜냐하면 성령의 은사와 씻음의 물이 마치 샘에서처럼 믿음의 마음에서 솟아나올 때 그 믿는 이를 성화시키기 때문이다.[20] 그러므로 이 시간에 기도할 필요가 있다.

우리에게 (전승을) 전해 준[21] 원로들이 우리에게 이렇게 가르쳐 주었다: 이 시간에 만물이 주님을 찬미하기 위해 잠시 쉬고 있으니, 별들과 나무들과 물들이 한순간 정지하고,[22] 그분을 섬기는 천사들의 온 무리가 의인들의 영혼과 하나되어 이 시간에 하느님을 찬미하고 있다고 한다. 그러므로 믿는 이들은 이 시간에 열심히 기도할 것이다.

입에서 나온 침으로[19] (네 자신에 십자) 표시를 할 때에 너는 발까지 완전히 깨끗한 사람이 된다. 이것은 성령의 은사이며, 또 세례의 물이 신실한 마음의 샘에서 솟아나올 때 믿는 이들을 정화시키기 때문이다. 따라서 이 시간에도 기도할 필요가 있다.

원로들이 우리에게 이것을 전해 주면서 우리에게 이렇게 가르쳐 주셨다: "이 시간에 만물이 하느님을 찬미하기 위해 쉬고 있으니, 별들과 나무들과 물들이 거의 정지하고, 그분을 섬기는 천사들의 온 무리가 의인들의 영혼과 함께 전능하신 하느님을 찬미하고 있다"고 하였다. 그러므로 믿는 이들은 이 시간에 기도해야 한다.

---

20. 여기에 묘사되어 있는 정화 의식은 제20-21장에 나오는 세례 예식과 비슷한 점이 있다: "씻음의 물"이란 표현은 세례를 뜻하고 있을 뿐 아니라, 세례에서 감독자가 수세자의 구마를 위해 그들의 얼굴에 숨을 내쉬고 그들의 이마와 코에 십자 표시를 해줌으로써 정화하는 것이 비슷하다.

21. "tradiderunt"(전해 주다)는 "παραδίδωμι"의 번역으로 보인다: S에는 이 동사의 목적어로 "hanc rem"이 있는데, L에서는 원래 타동사인 "tradere"를 목적어 없이 "(전승을) 전해 주다" 의미로 사용하고 있다.

22. 이 시적인 표현은 지혜 18,14에서 나온 듯하다. 한밤중의 침묵과 평화는 삶의 정지 또는 휴식, 창조물의 무의식적인 잠을 일반적으로 나타내는데, 여기서는 하느님께 향한 우주적인 고양을 위한 지상 활동의 정지로 승화시키고 있다.

Testimonium etiam habens
huic rei d(omi)n(u)s ita ait:
Ecce clamor factus est circa
mediam noctem dicentium:
Ecce sponsus venit, surgite ad
occursum ejus. Et infert dicens:
Propterea vigilate; nescitis
enim qua hora venit.
Et circa galli cantum exurgens,
similiter. Illa enim hora gallo
cantante fili Istrahel Chr(istu)m
negaverunt, quem nos per fi-
dem cognovimus, sub spe
luminis aeterni in resurrectione
mortuorum, spectantes diem in
ha<n>c.

Itaque, omnes fideles, agentes
et memoriam eorum facientes
et invicem docentes et catecu-
minos provocantes, neq(ue)
temptari neq(ue) perire poteri-
tis, cum semper Chr(istu)m in
memoriam habetis.

Dominus autem etiam dixit hoc
modo testificans hoc dicens:
Media nocte ecce clamor factus
est: ecce sponsus venit, exite
obviam ei. Et addit verbum
etiam dicens: Propterea vigila-
te, quia nescitis diem neque
horam qua filius hominis venit.
Similiter (ὁμοίως), quando sur-
gis tempore quo gallus (ἀλέκ-
τωρ) cantat, ora; quia filii Israel
negaverunt (ἀρνεῖσθαι) Chris-
tum hora illa, quem nos cogno-
vimus credentes (πιστεύειν) in
eum per fidem (πίστις) respi-
cientes in spe (ἐλπίς) in diem
luminis aeterni quod illumina-
bit nos in aeternum in resurrec-
tione (ἀνάστασις) mortuorum.
Haec autem, vos omnes fideles,
si perficitis et facitis eorum
memoriam, docentes invicem
et instruentes catechumenos ut
faciant, nihil tentabit (πει-
ράζειν) vos neque cadetis um-
quam, cum facitis memoriam
Christi in omni tempore.

---

23. 마태 25,6
24. 마태 24,42; 25,13

또 주께서 이 점에 대해 증언하여 이렇게 말씀하셨다: "한밤중에 '저기 신랑이 온다. 일어나 그에게 마중나가라' 하는 소리가 들렸다."[23] 또 이어 말씀하시기를 "그러므로 어느 시간에 그분이 오실지 모르니 깨어 있어라"[24] 하셨다.

또 수탉이 우는 시간에 일어나 마찬가지로 (기도할 것이다). 왜냐하면 이스라엘의 자손들이 그리스도를 부인하였는데,[25] 우리는 믿음으로 그분을 알아보았으며, 죽은 이들이 부활할 때에 있을 영원한 빛에 대한 희망을 갖고 이 날을 고대하고 있기 때문이다.

그러므로 모든 신자들은 이것들을 이행하고, 기억해 두고, 서로 가르쳐 주며, 또 예비자들을 격려할 것이니, 너희가 그리스도를 항상 기억하고 있을 때는 유혹을 당하거나 멸망하는 일이 생길 수 없을 것이다.

또 주께서는 이에 대해 증언하여 이렇게 말씀하셨다: "한밤중에 '저기 신랑이 온다. 그에게 마중나가라' 하는 소리가 크게 들렸다". 또 덧붙여 말씀하시기를, "그러므로 사람의 아들이 오는 날과 시간을 알지 못하니 깨어 있어라" 하셨다.

마찬가지로, 수탉이 우는 시간에 일어나 기도할 것이다. 왜냐하면 이스라엘의 자손들이 그 시간에 그리스도를 부인하였는데, 우리는 믿음으로 그분께 신뢰하면서 그분을 알아보았으며, 죽은 이들이 부활할 때에 우리를 영원히 비출 그 영원한 빛의 날을 희망을 갖고 고대하고 있기 때문이다.

너희 모든 신자들은 이것들을 완수하고, 기억해 두고, 서로 가르쳐 주며, 또 (이를) 행하도록 예비자들을 지도할 것이니, 너희가 그리스도께 대한 기억을 어느 때나 간직하고 있을 때는 어떤 것도 너희를 유혹하지 못할 것이며, 너희는 (그 유혹에) 절대로 떨어지지 않게 될 것이다.

---

25. 이 내용은 원래 베드로 사도에게 적용되는 것인데(마르 14,68-72), 여기서는 예수를 메시아로 알아보지 못하고 거부하여 결국 십자가에 못박게 한 이스라엘 민족 모두에게 적용시키고 있다.

42. (De signo crucis)

<table>
<tr><td align="center">

L[1]

</td><td align="center">

L[2]

</td></tr>
<tr><td>

Semper tempta modeste consignare tibi frontem. Hoc enim signum passionis adversum diabolum ostenditur, si ex <f>ide faciat quis, ut non hominibus placens, <s>ed per scientiam sicut loricam offerens; siquidem adversarius videns virtutem sp(iritu)s ex corde in similitudine lavacri in manifestum deformatam tremens effugatur, te non illum cedente sed inspirante. Hoc ipsut erat, de quo[d] in typo Moyses in ove, quae per pascha immolabatur, sanguem asparsit in limine et duos postes unguens

</td><td>

Semper autem imitare cum honestate consignare tibi frontem. Hoc enim signum passionis adversum diabolum manifestum et conprobatum est, si ex fide itaq(ue) facis, non ut hominibus appareas, sed per scientiam tamquam scutum offerens; nam adversarius, cum vidit virtutem quae ex corde est, ut homo <...> similitudinem verbi in manifesto deformatam ostendat, infugiatur [non sputante sed flante] sp(irit)u i(n) te. Quod deformans Moyses in ovem paschae, quae occidebatur, sanguem asparsit in limine et postes

</td></tr>
</table>

---

1. 이 장과 제43장(맺는 말)의 전반부에는 두 개의 L 사본(L[1]과 L[2])이 존재하는데, 이것은 사본의 이 부분이 분리되어 따로 보존되어 있었던 데에서 기인하는 듯하다. L[1]은 L[2]에 종속되며 이를 수정한 것이다. 따라서 이 부분에서는 L[2]와 S(AE)에 우선권을 두어 서로 비교하면서 본문 복구를 하여야 한다.

2. B. Botte, ‹Un passage difficile de la Tradition apostolique sur le signe de croix›, *Recherches de Théologie ancienne et medievale* 27(1960), 5-19 참조. B. Botte는, L 의 번역자가 사용한 희랍어 본문의 첫 글자가 “εἰ”(= si: 조건문 접속사)이어야 하는데 “ἀεί”(semper: 시간부사)로 잘못 본 데에서 혼란이 왔다고 주장한다.

42. (십자 표시에 대하여)[1]

<table>
<tr><th style="text-align:center">L[1]</th><th style="text-align:center">L[2]</th></tr>
</table>

L[1]	L[2]
유혹을 (받으면) 항상[2] 네 이마에 신중하게 (십자) 표시를 하여라. 누구든지 만일 믿음으로 행한다면 이것은 악마를 대적하는 수난의 표지로 드러나게 되기 때문이다. 따라서 사람들에게 호감을 주기 위해 하지 말고, 마치 갑옷을 (입은 사람)처럼 능숙하게 바칠 것이다. 적대자가, 세례를 (통해 하느님의) 모상으로 뚜렷이 변화된 (너의) 마음에서 나오는 성령의 능력을 보게 되면 놀래어 도망치게 될 것이다. 너는 그 자에게 굴복하는 것이 아니라 (성령의) 영감을 받은 것이다. 이것은 모세가 **빠스카**를 위해 희생당한 양의 피를 문지방에 뿌리고 두 문설주에	(모범을) 본받아 네 이마에 (십자) 표시를 항상 정성껏 하여라. 네가 만일 믿음으로 이렇게 행한다면, 이것은 악마를 대적하여 알아내고 시험해 보는 수난의 표지가 되기 때문이다. 따라서 사람들에게 보이기 위해 하지 말고 마치 방패를 (든 사람)처럼 능숙하게 바칠 것이다. 왜냐하면 적대자가 (하느님의) 말씀의 모상으로 뚜렷이 변화된 인간의[3] 마음에서 나오는 능력을 보게 될 때, 네 안에 계시는 [침뱉은 (성령)이 아니라 숨을 내쉰?] 성령을[4] 통해 내쫓기게 될 것이다. 이것은 모세가 희생당한 **빠스카** 양의 피를 문지방에 뿌리고 문설주들에 바름으로써[5]

---

3. L[2]에서 "homo"(인간) 다음에 공백이 있는데, B. Botte는 S(AE)와 연관시켜 다음과 같이 복구하였다: "ut homo [interior, qui est rationalis, interiorem] similitudinem ..."

4. L[2]의 "[non sputante sed flante] sp(irit)u i(n) te"에 대한 이해가 어렵다. B. Botte는, L[2]의 사본 복사가가 "sp(irit)u i(n) te"를 "sputante"로 잘못 이해한 데에서 문제가 시작된다고 본다. 그다음 사본을 읽는 한 독자가 이를 이상히 여긴 나머지 사본의 여백에 "non 'sputante' sed (flante) 'spiritu in te'"라고 주석을 달아 놓았는데, 이 주석이 본문 안에 그대로 삽입된 경우라고 한다.

5. 출애 12,21-31.

<table>
<tr><td>

significat eam, quae nunc in nobis est, fide(m) in perfecta ove. Frontem et oculos per manum consignantes declinemus ab eo qui exterminare temptat.

</td><td>

uncxit, designabat ea<m>, q(u<a>e) nunc in nobis est fides, quae in perfecta ove est. Frontem vero et oculos per manu(m) consignantes declinemus eum qui exterminare temptat.

</td></tr>
</table>

S(AE)

Fac autem tentamen (πεῖρα) in omni tempore consignare (σφρα-γίζειν) frontem tuam in timore. Hoc enim signum est quod cognoscitur et manifestum est, per quod diabolus (διάβολος) perit si facis illud in fide (πίστις), dum ostendis te non coram hominibus tantum, sed in scientia (ἐπιστήμη) confidens in illud sicut in scutum (θύρεον). Quoniam (ἐπειδή) adversarius (ἀντικείμενος) diabolus (διάβολος) videt (θεωρεῖν) virtutem cordis tantum et cum videt hominem interiorem qui est rationalis (λογικός) qui signat (σφραγίζειν) interius et exterius signo (σφραγίς) verbi (λόγος) dei, fugit statim dum expellitur per spiritum sanctum qui est in homine qui facit ei locum in se. Hoc est etiam quod Moyses propheta (προ-φήτης) docuit prius per pascha et ovem quae immolata est, et praecepit ut poneretur sanguis in limine et in duobus postibus, indicans nobis fidem, quae in nobis nunc est, quae data est nobis per ovem perfectam (τέλειος). Hac si signamus (σφραγίζειν) frontem per manum, declinabimus eum qui vult occidere nos.

바름으로써 예표하신 것인데, 지금
우리 안에 있는 완전한 양께 대한
믿음을 의미한다. 우리가 손으로 이
마와 눈들에 (십자) 표시를 할 때
에, (우리를) 없애 버리려고 유혹하
는 그자를 쫓아버리게 된다.

상징화하였으며, 지금 우리 안에 계
시는 완전한 양[6]께 대한 믿음을 의
미한다. 우리가 손으로 이마와 눈들
에 (십자) 표시를 할 때에 우리를
없애 버리려고 유혹하는 그자를 쫓
아버리게 된다.

S(AE)

유혹을 받으면 언제나 네 이마에 (십자) 표시를 두려운 (마음으로) 하여라.
이것은 (악마를) 식별하고 밝혀내는 표지이므로, 만일 네가 믿음으로 이를
행하면, 악마는 이를 통해 멸망할 것이다. 따라서 사람들 앞에서 너를 드러
내기 위해 하지 말고, 마치 방패를 (든 사람)처럼 이에 대한 신뢰심을 갖고
능숙하게 바칠 것이다. 왜냐하면 적대자인 악마가 마음에서 나오는 능력을
보고, 또 이성적인 내적 인간이 하느님의 말씀의 표지를 통해 내적으로 그
리고 외적으로 표시하는 것을 보게 되면, (악마는) 자기 자리를 마련해 놓
고 있던 그 사람 안에 계시는 성령을 통해 내쫓기어 즉시 도망치게 될 것이
다. 앞서 예언자 모세가 빠스카와 희생당한 양을 통하여 가르쳐 주었으며,
그 피를 문지방과 두 문설주에 바르라고 명령하였는데, 이것은 완전한 양께
서 우리에게 주셔서 지금 우리 안에 있는 믿음을 가리킨다 우리가 손으로
머리에 이 (십자) 표시를 하면, 우리를 죽이려 하는 그자를 쫓아버리게 된
다.

---

6. "완전한 양"(perfecta ove)은 그리스도를 말하며, 구약의 빠스카 양을 그리스도의
   예형으로 내세움으로써 그리스도의 십자가 희생을 구원론적 의미로 부각시키고
   있다. 즉, 빠스카 양의 피의 표시가 맏아들을 쳐없애는 파괴자의 화를 면하게 하
   였듯이 그리스도의 십자가의 표시가 악마의 유혹을 면하게 해준다는 것이다. C.
   Dreypus, ‹La Croix dans la predication et la cathéchese apostoliques›, *La maison-Dieu*
   75(1966), 6-22; C. Vogel, ‹La signation dans l'Église des premiers siècles›, *La maison-
   Dieu* 75 (1966), 37-51.

43. (Conclusio)

<table>
<tr><td align="center">

L¹

</td><td align="center">

L²

</td></tr>
<tr><td>

Haec itaque cum gratia et fide recta gloriosae cum audiantur, aedificationem praestant ecclesiae et vitam aeternam credentibus. Quae custodiri moneo ab eis qui bene sapiunt. Universis enim audientibus apos<tolicam traditionem>...

</td><td>

Haec itaq(ue) si cum gratia et fide recta accipiuntur, praesta<n>t aedificationem in ecclesia et vitam aeternam credentibus. Custodiri haec consilium do ab omnibus bene sapientibus. Universis enim audientibus apostolicam tra-<ditionem> ...

</td></tr>
</table>

S(AE)

Haec autem si accipitis in gratiarum actione et fide recta, aedificabunt vos et donabunt (χαρίζεσθαι) vobis vitam aeternam. Haec consilium damus (συμβουλεύειν) vobis custodire, quibus est cor. Si omnes enim sequuntur traditiones (παράδοσις) apostolorum (ἀπόστολος)

quas audierunt et servant eas, nullus haereticorum poterit seducere (πλανᾶν) vos neque ullus hominum omnino. Hoc modo enim creverunt (αὐξάνειν) haereses (αἵρεσις) multae, quia praesidentes

---

1. L¹과 L² 모두 거의 같은 대목부터 지워져 있는데, S(AE)에는 전문이 보존되어 있다. 이 저서의 제목으로 통용되는 "traditio apostolica"가 여기에 나온다.

43. (맺는 말)[1]

L[1]

그러므로 이 영광스러운 (가르침들을) 감사와 올바른 믿음으로 듣게 된다면, (이것들은) 교회에게는 교화를 줄 것이고, 믿는 이들에게는 영원한 생명을 줄 것이다. 나는 이것들이 정통한 사람들에 의해 보존되기를 권하는 바이다. 왜냐하면 사도적 전승을 듣는 모든 이들이

L[2]

그러므로 이 (가르침들을) 감사와 올바른 믿음으로 받아들인다면, (이것들은) 교회 안에 교화를 줄 것이고, 믿는 이들에게는 영원한 생명을 줄 것이다. 나는 이것들이 정통한 사람들[2]에 의해 보존되도록 권고하는 바이다. 왜냐하면 사도적 전승을 듣는 모든 이들이

S(AE)

만일 이 (가르침들을) 감사와 올바른 믿음으로 받아들인다면, (이것들은) 너희를 교화시키고 너희에게 영원한 생명을 줄 것이다. 우리는 너희가 마음을 다해 이것들을 준수할 것을 권고하는 바이다. 만일 모든 이가 (전해) 들은 사도들의 전승들을 따르고,

그것들을 지킨다면, 어떤 이단자나 어느 누구라도 너희를 결코 오류에 끌어넣을 수 없을 것이다. 많은 이단들이 이처럼 자라게 된 것은, 지도자들이

---

2. 사도 전승을 보존해야 할 사람들의 자질에 대해 묘사하는 이 대목은 세 사본에서 조금씩 차이가 있다: L[1]("qui bene sapiunt" = 잘 알고 있는 사람)과 L[2]("bene sapientibus")는 모두 지적인 면을 부각시키고 있는 반면, S(AE)에서는, 직역하면, "마음이 있는"(quibus est cor) "여러분"(vobis)으로 되어 있다. B. Botte는, L[2]의 "bene sapientibus"를 통해 희랍어 원문이 "σώφρων"(지혜있는; 현명한)이었을 것이라고 가정한다; 이 "σώφρων"이 번역 과정($\phi\rho\acute{o}\nu\epsilon\iota\nu$ = sapere)에서 "bene sapere"로 변화되었을 것이라고 한다.

(προϊστάναι) noluerunt discere sententiam (προαίρεσις) apostolorum (ἀπόστολος), sed secundum libidinem (ἡδονή) suam fecerunt
quae voluerunt, non quae decent (πρέπειν). Si praeterivimus
aliquam rem, dilecti nobis, haec revelabit deus eis qui digni sunt,
cum dirigit (κυβερνᾶν) ecclesiam quae digna est applicare ad
portum (λιμήν) quietis.

사도들의 말씀을 가르치려 하지 않고, 자기들이 원하는 것과 또 합당치 않은 것을 제멋대로 행하였기 때문이다. 친애하는 여러분, 우리가 지나쳐 버린 어떤 것이 있다 하더라도 하느님께서는 합당한 이들에게 그것을 계시하여 주실 것이니, 그분께서는 교회가 평온한 항구에 닿도록[3] 인도하실 것이기 때문이다.

---

3. 여기서 교회는 "배"로 비유되어 있다.

성서 인용 색인